天下文化
BELIEVE IN READING

THE PSYCHOLOGY OF LUCK

運氣心理學

掌握 1% 致富契機的人，
都在默默實踐的 6 種心理技巧

《Mr.Trot》天才製作人 柳旻志유민지 ㊔
王品涵 ㊢

目錄 contents

台灣版序
富人們召喚財富、人脈、成功的故事 7

作者序
有錢人從不違逆運氣 11

第一章
確信的心理：財富與命運，是肉眼看不見的祕密 17

幸運的世界 19
「你是運氣超好的孩子！」 28
人生的澹化現象 33
迷信與克制 44
畫中的富翁與畫外的富豪 48
關於財富的錯誤提問 53
• 走大運時會出現的變化與信號 58

第二章
意志的心理：戰勝運氣的富豪vs被運氣壓制的富翁 61
連老天也做不到的那件事 63
為什麼富人那麼執著於運氣 68
終結挫折的舉措 77
隱藏在「運氣好」這句話背後真正的意思 83
二律背反的工作與生活的平衡 89
如何成為意志的化身 95
「運氣」的哩程 104

第三章
暗示的心理：看懂未來才能掌握機會 111
直覺有其脈絡，抓住它！ 113
富豪的包包通常都有「這個」 119
如何靠第一桶金，錢滾錢 124

未來，屬於洞燭機先的人 131
富者們的藏私祈禱法：「子時祈禱」 139
發大財的物象練習 150
氣場強就有利於成功嗎？ 156
哪些特質的人會做什麼都不順 162
•讓財運變好的日常習慣 168

第四章
探索的心理：永遠從自己內在發掘答案的富豪 171
按照天性生活吧 173
從衰運之中打撈幸運 186
「運氣」的優先順序 192
在砧板上切割人生的過程 199
別為結果妄下定論 204

有毒的運氣，有益的運氣 209
如何用手指在三秒內找到路 215
‧懂多少賺多少的五行能量 224

第五章
關係的心理：財富喜歡自私的人嗎？ 229

豪門的八字，另一種人生 231
她們與好男人結婚的祕密 237
不要被別人搶走能量 246
「貴人」的有效期限 254
愈付出愈痛苦的恩患 260
再親近也必須隱藏內心話的原因 266
為什麼富者們逢年過節都會祭祖？ 273
人緣也是熟能生巧 279

・察覺生命中貴人的方法 288

第六章
情緒的心理：為了避免被捲入命運之輪 291

為什麼豪門總是悲劇不斷？ 293
趕走財富的七種敵人 300
隨時功成名就都不奇怪的人 307
最好的幸福總是緊接在最糟的不幸之後 312
最後一位諮商者 319
幸運女神駐足之處 326
・人的命運也可以像這樣改變 333

台灣版序
富人們召喚財富、人脈、成功的故事

大家好，我是這本書的作者虎神大人柳旻志。

首先，非常榮幸得知《運氣心理學》即將在台灣出版。這本書能夠這樣飄洋過海與各位相遇，絕對是我人生極大的幸運。不論古今中外，隨時隨地都有許多人為了擁有更多財富而拚命奮鬥，換句話說，沒錢的人為了存活，有錢的人為了賺更多錢，這當然也是因為你我就生活在所謂物質至上的時代。

書店裡關於「富」的書籍如雨後春筍般推出，Youtube 上靠著理財成功的人物專訪更是多不勝數。他們甚至都會異口同聲地說著這句咒語：「你一定也可以！」然而，為什麼富人總是以單純因為幸運女神站在自己這邊，而給出「只是運氣好而已」、「碰巧抓住機會」之類的曖昧答案，而不是如大家期待般給出實際、具體的方法呢？

令人無奈的是，這些人是真的因為運氣好。各位一定覺得「什麼意思？」其實，「運氣」與「財富」的關係就像「魚」與「水」一樣密不可分，而富人往往比任何人都要更相信運氣，也更樂意善待運氣。

韓國人認為「八字」是與生俱來的命運。熱愛韓劇的影迷們，想必對這個詞彙並不陌生，那些生活遭遇困難的劇中主角們，經常會把「都是因為我的八字不好……」這句話掛在嘴邊。所謂的八字確實騙不了人，每個人顯然都有註定好的宿命。只是，萬事萬物從來就不存在百分百。只要懂得掌握流動的運，認真經營上天賜予的每一天，任何人都可以扭轉自己的人生。

現在明白了吧？先改變運氣，就能藉此改變自己與家人，進而改變自己的國家與整個世界。因此，請先正視運氣的問題。即便當下很難相信，但一切都得從自己開始。運氣，不會隨隨便便找上一個人，只會去找那些了解運氣心理學，並且知道如何處理運氣的人。富者們召喚財富、人脈、成功的故事，藏著改變命運的祕密。現在，就讓我為各位揭開其中的奧妙。

原書附註

1 書中所有陳述皆為根據經驗提出之個人意見。

2 文中提及的姓名縮寫與特定人名皆無任何關聯。

作者序

有錢人從不違逆運氣

這是一票之差就能決定誰勝誰負的社會。即使是在演藝圈這種難以預測的領域，一股強大的運氣氣場也像這樣發揮著影響，就連轟動整個韓國的熱門演歌選秀節目也不能例外。那些曾經跑遍各大市場、活動現場演唱的參加者們，懷抱著成為新一代演歌明星的夢想，戰戰兢兢地等待屬於自己的舞台。在夢想與生計之間，帶著始終不願放棄唱歌的渴切心情踏進考場，同時，這更是激烈的人生敗部復活戰。

「這次想必就是他了！」

眨了眨鷹般銳利的雙眼，凝視著進入決賽的參賽者們。結果很清楚：那個擁有一股力量，能夠想方設法為自己創造運氣、找到存活方法的人，我早已默默看到了即將抱走冠軍獎盃的「他」。

自從開始接觸演藝圈的工作後，我一直被認為是直覺特別準的製作人，只要稍微看一眼剛出道的偶像，就能大概略知一二。因此，也經常收到「事先幫忙看一下新人發展可能性」的邀約。我不知道原因何在。從攝影指導到企劃同事們異口同聲的「嚇死人的眼光」、「簡直是在預測未來吧？」但實際上，那種感覺比較像是第一眼就能知曉的動物本能。

我心裡有數。這是我從小就耳熟能詳的故事——關於我們家懂得看運氣的祖傳傳統。

古時候，韓國有稱為「日官」、「地官」的老人；日官專門為人挑選好日子，也就是所謂的吉日，而地官則是負責關於土地、墓地之類的事。除了這些人，命理師則從很久以前就一直在地方扮演著精神支柱。這個角色擁有超乎想像的力量，像是因為看見了伯利恆的一顆星而動身前往尋找地點的東方博士們，既是當代受人敬仰的占星師與天文學家，也是負責透過星座觀測天象來預測國家未來的人。因此，這是唯有經過長時間的訓練與鑽研學問，才夠資格登上的位置。

像這樣靠著觀察看不見的「運氣」的工作，即是人類史上最古老的職業。由於這是很難透過口頭解釋的領域，所以也不太能提出什麼理論或根據。不過，我深信「運氣」這回事確實存在於一天身價動輒幾十億上下的演藝圈，而當離開這個地方、進入替人看運勢的世界時，我更是重新發現了一些事實——那就是「運」與「富」恰如「魚」與「水」的關係一樣密不可分。從來沒有重視運氣卻不富有的人；相反地，也從來沒有輕視運氣卻不貧窮的人。撇除極少數的例外，絕大部分都是如此。

因此，我會說必須相信運氣。反正對不相信的人來說也不需要。由於「運氣」是一般人肉眼所無法看見的東西，所以也只有非理性的信念才足以成為支撐理解非理性事物的力量。既然如此，若想要創造好運或是盡可能善用運氣的話，首先得要相信運氣的存在。

不，不相信也無妨。**只需要從關心自己的運氣開始做起就好**，才能發揮意志的力量、將運氣轉往好的方向，而後長久停留在我們身邊。於是，這些懂得培養運氣的人變成了超級富豪。運氣，同樣也是「富者愈富，貧者愈貧」，它會去找那些了解、重視自己的人，並遠離藐視、疏忽自己的人。

現在的我大概也能猜到自己的運氣。在意識到不可能有救命繩索從天而降的瞬間，我便已經變成了比認識運氣之前來得更加現實與理性的人，如今則透過敏銳的慧眼，洞察從種種人事體悟到的經驗與本質、透視吸引財富與命運的祕密。

我要藉此機會再三叮囑各位。是時候告訴大家這個驚人的真相了——只要改變看待運氣的態度與心理，就可以搖身一變成為有錢人。世界上從來沒有一個富豪會違逆運氣，本書將根據這項觀點，為各位帶來關於站在財富頂端的韓國上流名士與前百分之零點一的富豪，以及於其中流汗打拚的我們從不知道的、真正的「財富」故事。

第一章

確信的心理

財富與命運，
是肉眼看不見的祕密

THE PSYCHOLOGY OF LUCK

幸運的世界

「聽說這次的片酬是一集一億[1]，一億耶！」

「世事難料囉，誰知道他會紅成這樣？」

「對啊，大概是運氣真的很好吧。」

故事主角是在我以前任職的電視台擔綱電視劇主角的大明星。這可不是什麼「空穴來風」，至少在這個圈子是絕對有可能發生的劇情。演出卡司的傳言猶如雲朵般飄浮在整條走廊上。

對於每個月按時領薪水的上班族來說，確實是連想都不敢想的數字：一集一億!?聽在我這種為了準備工作已經連續幾天沒回家的菜鳥製作人耳中，就像

1 譯註：台幣兌韓幣匯率約為 1:42。

是一場夢。

日復一日面對的日常。明星們過著繁忙且奢華的生活，以及幕後團隊們為了成就這一切而埋頭苦幹的生活，兩者間的差距堪稱雲泥。所謂的電視台，即是將看似完全無法共存的人們融合在一起的地方。

起初，我真以為就是這樣子了——「這是和我生活的世界完全不同的另一個世界」、「專心做好自己的份內事就好」。然而，那天的閒話家常終究還是喚醒了我壓抑已久的潛意識。

*

我在二十七歲的時候第一次踏進電視台，初入職便立刻接下了第一個節目的製作工作。能夠與擁有超過十年經歷的大前輩們共同負責節目製作，無疑是天大的幸運，不過對於一個菜鳥製作人來說，帶領藝人、經紀人、妝髮設計師、攝影師、企劃，以及數十位工作人員的工作，也必須承擔起相當沉重的責任。除了家人，身邊的親朋好友無一不羨慕我突破極低的錄取率，順利成為了電視節目製作人。

只是，世事皆有正反兩面是亙古不變的道理。加班幾天幾夜回不了家是這份工作的家常便飯，天天過著甚至連週末也得上繳的滾輪般生活，就必須將所有私人時間統統奉獻給電視台這點，製作人的命運與藝人其實沒什麼差別。

起初當然會覺得一切都很新鮮、神奇。不僅要學的東西很多，整個人也都還沉浸在「榮升」製作人的喜悅之中。滿腔的熱情與能量，給人一種好像什麼都做得到的感覺。實際上，我確實算是做得不錯，也交出了不少亮眼的成績。然而，大約經過一年多後，某種對新事物的渴望與沮喪感開始出現。到底為什麼？在炙熱燈光下揮灑汗水的時間明明一樣啊，為什麼總是在決定性的瞬間產生差異呢？

關鍵在於「錢」。在相同的舞台付出相同的辛苦，但藝人與幕後獲得的酬勞卻有著數十倍、甚至數百倍的差距。當然了，這或許是有些幼稚的抱怨，畢竟電視台就是個職場，而製作人也只是一般上班族吧？既然如此，我不禁反問自己「乾脆做生意就好啊，何必去上班？」隨著時代改變，就算同樣是上班族也存在年薪或獎勵的差距，同樣投入一百萬投資，有些人就是會賠錢，有些人卻能賺回一億。究竟為什麼會這樣呢？

任職於電視台時，我時不時就能見證財富與命運在眼前體現的場景，大概是這個原因吧？當我聽到偶像A購入江南蛋黃區的土地成為地主，或是演員B剛買了間能夠俯瞰漢江景色的住商混合高級公寓時，總免不了會好奇——這些人的年紀都和我差不多，甚至比我還年輕。

「A到底是什麼時候賺了那麼多錢？」「B最近也沒什麼活動，怎麼能變成有錢人啊？」「有那麼多錢的話，應該可以玩一輩子都不必工作還有剩吧？」

我留心觀察這些人的說話與態度、習慣和生活模式。經過一段時間，我似乎嗅到了他們本質的差異，以及他們為什麼有辦法擁有財富。這些人是因為握有什麼你我不知道的高級機密才有辦法賺大錢嗎？是不是什麼普通人不知道的絕招或理財方法呢？事事追求實用與邏輯的我，絞盡腦汁地思考。

結果，我怎麼也找不到答案。他們是他們，我是我。我沒有睡覺的時候，他們也沒有睡覺；我全力以赴的時候，他們同樣全力以赴。不，他們甚至比我還懂得如何善用工作之餘的閒暇時間。

無論是一集進帳一億的藝人或是領著微薄薪資的製作人，同樣都只是認真過著每一天，為自己的工作傾注心力的人罷了。或許是因為我只停留在表面上的分析，才沒辦法釐清與富者間的懸殊差距。就在我浮現這個念頭的剎那，那句曾經在走廊上聽見的對話忽然在腦海中響起——

「大概是運氣真的很好吧。」

＊

對了，是運氣！就是運氣！我百分百確定。這就是付出了同等心力卻能累積更多財富的原因、是一集要價上億酬勞，最後順利入手幾十億不動產的驚人真相。

至少，在鉅額金流來來去去的資本主義社會裡，運氣的作用絕對比努力或實力來得強大。

其實，「電視台」確實是個有辦法讓不相信運氣，或對運氣這回事沒那麼敏銳的人，也變得相信運氣存在的地方。總有人一夕爆紅或毀於一旦的故事在眼前活生生地上演；無論是同時期出道的兩名偶像成就竟天差地別，或是光靠一次演出就躍身巨星的情節……除了「運氣」，實在找不到任何解釋。

原本不分早晚都待在電視台一樓探頭探腦地尋找工作機會的搞笑藝人，身價瞬間暴漲十倍而讓大家搶破頭想簽下他的地方；也是從前全世界搶著邀請、但再多錢也請不到的歌手某天忽然捲入意料之外的事件後，嘗盡所有人白眼的地方。人情的冷與暖、大好與大壞……這裡就是能一次體驗兩種極端的地方。

於是，即便是不相信運氣的人，難免也會開始不由自主地期待「哪天也能輪到我走運嗎？」再加上，以我自己曾經負責過的韓國演歌選秀節目為例，的確是一而再地親眼目睹了人生在一夕之間逆轉的瞬間。

隨著節目一週接著一週播出，起初沒什麼人關注的參賽者也因為人氣扶搖直上而誕生了擁有數千名支持者的粉絲團；相反，原本看似能拿下冠軍的參賽者卻反而因為小小的失誤而飲恨、慘遭淘汰，從此消失在鎂光燈前。無論歌唱實力多麼出眾，只要其他參賽者在當週的表演成為大家議論的熱門話題，分數也會在轉眼間遭翻轉；一開始有著冠軍相的參賽者卻因為出鏡機會太少，而在人氣票選時被擠出晉級名單。每天都像是一場必須拚個你死我活的戰爭。只是，看著完全無法預測的走向時，忽然有個念頭閃過我的腦海。

那些被淘汰的人，真的是因為實力不夠嗎？相反地，那些進入決賽的人，又真的是因為比被淘汰的人付出了更多努力嗎？在被淘汰的人之中，勢必也有實力更好、付出更多努力的人。擁有實力不代表一切，單憑運氣也不代表一切。事實就是如此。

「人生就是時機。無論擁有多少實力，也得剛好遇上明白我才華與價值的時代。」

*

在參與選秀節目的製作過程中，我對一個人的運氣逐漸有了更深的認識，內心也因而變得更加舒坦。比起任何物理上眼睛看得見的制約，似乎更能感受到肉眼看不見的運氣世界；曾經被氤氳濃霧擾亂著的潛意識，彷彿也在瞬間豁然開朗了。

原本總是不停反覆思考著自己為什麼賺不到大錢的腦袋，也在這一刻騰出了空間，開始運轉著截然不同的想法。是不是因為自己太不了解運氣了？或者運氣是個懂得挑人的東西？霎時間，某種確信的感覺掠過我的腦海。

我實在無法不好奇那些宣稱財富自由的富人們才知道的獨門祕密。那些對某些人而言的理所當然，或許正是某些人引頸企盼的運氣。那些任何人都能擁有，卻也是任何人都沒有的運氣。

我真的好想知道，究竟什麼是能帶來好運並招來大筆財富的事，什麼又是能夠最快創造致富運的方法。先別太著急，潘朵拉的盒子往往得在意想不到的地方才能被輕鬆打開。

「你是運氣超好的孩子！」

「你是運氣超好的孩子！」

宛如玻璃珠的雙眼閃閃發光，就像是倒映著世間的萬物萬象般。那時，誰也沒有聽懂家中長輩對著尚在襁褓中的初生嬰兒低聲呢喃的弦外之音。

阿嬤是所謂「獨具慧眼」的那種人。村裡的大家一直都知道，阿嬤對八字與面相頗有研究，家裡發生任何大小事都會不約而同地上門拜訪，尋求一些建議。當阿嬤隨口說出的一句話果真像預言般應驗時，大家便會以腳踏實地過日子的方式來表達感激。

大概是受限於時代的風氣，大家才沒有直接表達出口罷了。雖然誰也不曾好好定義過這件事，但阿嬤的存在對大家來說，無疑就像是守護著村莊數百年的大樹一樣。

阿嬤對於人的吉凶禍福尤其關注。像是什麼事能夠為人生帶來好運與厄運、劫難與福祿，或是什麼樣的生活才可以富足與平安。

儘管如此，媽媽依然認為阿嬤只是第六感比其他人來得稍微準一點而已。她對於阿嬤為什麼只要聽到長鼓聲就會急得連鞋都來不及穿就赤腳跑出門，或為什麼要傾聽左鄰右舍述說自家故事等，一概沒什麼太大的興趣；甚至連阿嬤一覺醒來，婉轉地表示自己對於不久的將來感到煩憂時，媽媽也會選擇以理性的方式相信「都是因為阿嬤已經活了很久，只要稍微看一下人的眼神就知道了」。

然而，自從我出生以後，整個局面似乎也開始變得不一樣。隨著年齡漸長，年幼的孫女開始對自己的命運感到好奇。只是，阿嬤卻平心靜氣地勸誡年幼的孫女：

「不行。人不可以太早看透這個世界。一切都必須順其自然，靜待時機。

不過，我倒是可以告訴妳一件事，妳會是一個運氣非常好的孩子。」

乖乖聽著阿嬤說話的孫女，只是不停眨著那雙天真無邪的眼睛。

＊

或許基因真的騙不了人吧？我從小就是個直覺不一般的孩子。阿嬤在我升上國中那年過世了，神奇的是，從那之後我便開始做預知夢，並且總是很快察覺到某些徵兆、氣氛。我想做的事很多，但想知道的事更是多得數不清。

不只如此。我對於影響世界的現實問題尤其感興趣。當同齡朋友們好奇的是「以後要做什麼工作？」「將來會和什麼樣的人結婚？」之類的問題時，我卻自顧自地思考著與置身情況毫不相干的事。

「你長大想做什麼？」

「我想當一個富翁，要賺很多錢。」

「為什麼？」

「沒有為什麼，就是想當富翁。」

「那樣怎麼做才可以當富翁？」

「嗯……我不知道實際上要做什麼，但應該要先成功吧？阿嬤這樣跟我說過，她說我是一個運氣非常好的孩子。」

我想要在成功以後賺很多錢。衝動的好奇心促使我離開了常軌。於是，我開始了自己的服飾生意與創業開咖啡廳，光是在大學時期就能達到固定月入數百萬並開始儲蓄。當大學同學們為了就業埋頭苦讀與累積經歷時，我卻只顧著絞盡腦汁思考該如何賺錢。然而，我對此並不滿意。

*

準確地說，前後總共花了十三年──我才終於成為坐落於北漢山腳下那幢市值六十億韓元的平昌洞豪宅主人。

人們總是問我，究竟是如何成為大家搶破頭也考不上的電視台製作人、如何靠著自己創業賺進一大筆錢，以及又該怎麼做才能住進這樣的豪宅？每當聽到諸如此類的問題時，我都只是欣然地回以一抹淺淺的微笑。

「運氣好而已啦。」

就像那些大學入學考試滿分的人都會說自己只有讀課本一樣，成功人士們大部分也都會這麼說——只是自己運氣好。至於不相信運氣的人，大多也是態度從容地以一句「沒特別做什麼」帶過去。然而，如果是平常會留意與相信運氣的人，往往就會開始好奇這些人到底做了什麼，才能如此幸運。明明大家同樣付出一百分的努力，結果我得到五十萬元，朋友卻得到兩百萬元，這難道不正是運氣發揮影響的典型信號與跡象嗎？

運氣就像風一樣會流通，像水一樣會流動。由於一般人肉眼看不見的緣故，也只能靠著非理性的信念去理解非理性的力量。因此，如果想要創造好運或是盡可能善用自身的運氣，首先得要相信運氣的存在。不，不相信也無妨，只需要從關心自己的運氣開始做起就好，如此才能發揮意志的力量，將運氣往好的方向轉，進而檢討與改變自己的態度和行為、習慣、人際關係。最終，那些人就這樣將培養運氣成為致富祕訣並據為己有。

今天也一如往常地迎來新的早晨。每當五彩繽紛的陽光圍繞平昌洞豪宅，我的目光便會不自覺地停留在溪水彷如悠久歷史般沿著山麓而下的景象。我早就知道了。知道阿嬤的話終有一天會成真。而我依然不曾停止發揮自己的運氣。

人生的瀶化現象

只要A存在，B無論如何都必須出現才行；看著一百加上一百等於兩百時，內心才能鬆一口氣。作為一個踏實、理性的人，我從小就深諳理財之道。我一眼就能看出大家喜歡什麼、對什麼特別有反應。無論是製作節目時或是做生意時，都能在行銷上充分發揮這樣的「第六感」。擄獲人心的成功率堪稱百發百中。

在如此與眾不同的背景背後，實際上靠的是祖傳的天生「直覺」。這股敏銳的直覺在我成為製作人後，更是帶來實力上的落差。我於是開始好奇：所謂的「直覺很準」、「第六感很靈」，究竟代表什麼意思？

看得見的世界與看不見的世界，哪邊比較重要？哪邊對於撼動世界或是各位本身的影響力更大？不，這是個錯誤的問題。應該說，各位比較相信、依賴哪一邊呢？

歌手們在舞台上唱歌與跳舞的才華、鋼琴家震撼觀眾的絕對音感、演員穿透螢幕的魅力、物理學家想到前所未有理論的天賦……其中哪一項是肉眼看得見呢？即使看不見觀眾們在螢幕前的狂熱、理智斷線的情緒起伏，卻可以實實在在地感受到這一切。「直覺」、「第六感」的世界也是如此。這一切盡情敞開的感覺都與我同步著。

我從未在自己所做的任何事裡嘗過失敗的滋味。無論是應徵工作、咖啡廳創業、開出版社等，無一不是水到渠成，而這股成功的氣勢也一路延伸到了成為製作人的那一刻。不僅我經手的每部作品都能順利成為黑馬，活躍的領域更是無限擴張。面對堪稱是「神奇」的成就，除了周圍的人之外，連我自己也覺得震驚。不過，這份喜悅與興奮只持續了一陣子。

向來順風順水，生活卻一再地在關鍵時刻打掉重練。準確來說，是我自己搞砸了一切；那些複雜又微妙的決定，實在很難單憑「耐心與毅力不夠」一句話就能解釋清楚。

於ＳＢＳ電視台任職的那段時期也是如此。那時，只要再稍微堅持一下就能帶著更好的條件換到另一家電視台工作，而現在已經普遍的YouTube或手機內容，當時則是備受矚目的新興產業先驅，前途不可限量；再加上頂著「最年輕製作人」的光環，也有其他公司多次想挖角我。儘管如此，我依然在任職滿兩年之際，頭也不回地離開了。

約莫就在這個時機點，我展開了新的事業。我獨自開了一間出版社，不定時出版的各類書籍也穩定地占據著排行榜；利用一般出版社不會嘗試的進攻式行銷與突破常規的營運方式，不僅在短時間內站穩腳步，也順利取得了收益。

然而，嘗到成功滋味的喜悅只維持了片刻，我很快又將目光轉向其他領域。收到了來自ＴＶ朝鮮高層的橄欖枝，我再次成為製作人。

即便擔起新賦予的重要職務，我整個人依然停不下來。明明已經逐一實現自己提出的每個點子，也統統獲得亮眼的成績，但每當迎來終點時，我卻怎麼也無法無視內心的空虛。

＊

那天的感覺格外奇怪。就連比誰都要來得理性、邏輯思考的我都無法理解我自己。我不知道自己到底是被什麼附身了……縱使自己插手任何領域都能一砲而紅，內心卻始終無法得到平靜；明明該開心的時候，卻一點也開心不起來，每次到了最關鍵的那一刻，總會覺得心裡就是不太對勁。

這是所謂的倦怠嗎？抑或是沒有得到相對應的激勵？以上皆非。我有種感覺，自己就像在叢林中迷路般，一定是哪裡出問題了。經手的節目愈成功，這種心情也愈強烈。不久後，直覺便成了篤定。

「總經理，我決定辭職。」

「做得好好的……怎麼會想要辭職呢？原因是什麼？」

問題到底出在哪裡？為什麼老是要推開那些大家拚了命也想得到的位

置？明明沒有受到任何人或外部情況的影響，我實在不知道自己為什麼老在臨門一腳之際親手推翻穩定的局面。除了像是就職或辭職之類的重要課題外，還有更多難以數計的事。無論大小事，統統是我自己去推翻的，不管是原本發展順利的工作，或是只差一步就能成就讓所有人都羨慕不已的任務。

準備離開在SBS電視台的第一份工作時，身邊所有人都阻止我，就連父母親都認為這只是一時衝動，要我忍一忍、過去就好。無論是教授或人生導師們，也全都極力反對我突如其來的辭職決定。

然而，我依然毫不留戀地遞出了辭呈。擔任製作人期間，已經將我二十多歲的青春與熱情、努力，甚至靈魂都榨得一乾二淨了，我不覺遺憾。當時的我真的像被什麼附身似的，不管三七二十一便匆匆離開了電視台。我沒有聽見任何聲音，也沒看見任何東西，儘管大腦不斷吶喊著「不！」內心卻是無比肯定。那時候，家裡更是吵成一團。

只是在像我們這樣的家庭裡，卻有個所有人都不打算提起也不曾公開談論的祕密——關於經常做預知夢這件事。爸爸如此，哥哥和我也是如此。其中原因當然是跟阿嬤有關。

阿嬤有時會夢見左鄰右舍即將發生的事，有時則會突然爆發似的不停自言自語。當時，我想起了小時候從阿嬤口中聽過的那句話；不，應該是說我時不時就會想起那句話——「你是運氣絕佳的孩子！」

「運氣絕佳」究竟是什麼意思？說不定我就是想做些可以大幅提升自己或他人運氣的事？這些會不會才是我真正想做的？

竟然就這麼繼承了阿嬤的功力……就算動員整個世界的文字也解釋不了這樣的因果關係，唯一可以確定的是，世上確實存在著不可思議與無法說明的事，當時阿嬤說過的「看不見的世界」也的確出現在我的人生中。

無論是前、後輩或是同事們，都對我這個前途無量的製作人決定辭職感到遺憾，畢竟我們仍活在一個眼見為憑的社會，連我自己也難免因為諸如此類的念頭而陷入強烈的憂鬱。只是，另一方面卻也覺得內心變得平靜不少。於是我開始想：

「終於到了我可以發揮自己潛力的時候了！」

實際上？並沒有太大的改變。如果真要說有什麼改變的話，大概是開始看得懂運氣這回事吧？開始擺脫金錢的束縛？我甚至還比埋首追求功成名就的時期來得更快樂，同時也醒悟了一個道理——曾經以為的不幸，其實都是在為了幸福做準備。

如果說我過去做的，是讓無數明星出現在螢幕裡，那麼現在的工作則是呈現一個人的命運。雖然人們總會帶著五花八門的煩惱與故事來到我面前，但「金錢」顯然是其中最龐大也最深切的煩惱。無論是沒錢的人或有錢的人，焦慮的事情都一樣。有些人將成為有錢人視為唯一夢想，有些人即使散盡家產也依然抱持一絲希望。「究竟要怎麼做才能含著金湯匙出生？」「就算沒有與生俱來的運氣，也能致富嗎？」這些都是為錢所苦的人經常向我提出的問題。

*

每個人都至少有過一次想要改變人生的時候。在易學裡，大運來臨之前、運氣轉換的時期被稱為「交運時間」。如同字面的意思，這是「舊運」與「新運」交接的時間點，而在這段將人生的過去放下，朝著未來前進的時期，通常會迎來意想不到的變化，人們卻往往將諸如此類的混亂誤認為「不幸」。

「整間店的營收因為新冠肺炎逐漸下滑。繼續這樣下去的話，搞不好就要倒了？」

舉例來說，已經進入另一個世界的我，會將自己的經驗告訴帶著這些煩惱來找我的人。

「您的運氣現在正在澹化，也就是正在經歷人生改變的時機點。財富也是一樣，所以不必為此感到焦慮。就算現在沒有錢，也不代表永遠沒有。當您意識到這些混亂或變化不是一種不幸時，情況自然會變得不同。」

這是日本大阪某間咖哩飯館的故事。由於新冠肺炎，這間餐廳不得不長期縮短營業時間，店家也必須丟棄幾百人份的米飯。面對被迫將已經煮好的米飯一口氣丟掉的窘境，老闆也像個普通人一樣感到十分挫折，甚至認為這一切都是衝著自己而來的不幸。

不過，老闆很快就轉念並嘗試尋找能夠善用剩飯的方法。打聽到一間專門利用廢棄麵包釀造啤酒的新加坡企業後，老闆登門拜訪，也順利獲得技術，成功將剩飯升級再造（upcycling），歷經刻苦奮鬥的精釀啤酒也終於順利問世。

毅然將面臨丟棄命運的食材從型態改頭換面，並且成功東山再起的咖哩飯館老闆的故事，經由大眾媒體變得家喻戶曉；原本只是想在全球糧食危機時減少浪費白米的男人，轉眼間從平凡的咖哩飯館老闆搖身一變，成為精釀啤酒的創業家。當他覺得不幸來到眼前的時候，也正是他轉運的時刻。

*

一旦察覺既有的生活模式驟然改變，人們首先會感到的就是焦慮不安。換句話說，開始戰戰兢兢於自己是否會失去原本握在手中的幸福與財富。只是，一如地球上不存在任何永遠以相同速度流動的海洋，有動盪的時期，自然就有沉靜的時期；有後退的時期，自然也有氾濫的時期。洞悉這個道理的人，縱然面對運氣改變的時刻也不會為此惶惶不安，反而還會思考起究竟該怎麼做才能吸引更多好運。

在以捕魚維生的漁民之間，口耳相傳著「澮化」這個詞彙。這是連字典也沒有收錄的陌生用語，意指當潮流受到強烈颱風影響，海流會被翻攪，等到強風過後，混濁的水又會若無其事地恢復清澈，而大魚也會於此時現蹤。

因此，無論此時此刻面對著何等慘痛的經歷，都不要以為自己將終其一生陷在不幸的深淵而覺得垂頭喪氣；或許，只是因為你的運氣正在為了轉往更好的方向，才會出現「澹化」。

迷信與克制

二〇一三年時，有位為了某考試而埋首準備的平凡考生。信心十足。因為從小就不知道「失敗」為何物，她總秉持著「先做就對了」的信念。她決定挑戰第一個考試，沒想到在第一輪的書面資料便徹底嘗到苦頭。

「沒關係，只是運氣不好。」

算起來也是要準備不少東西的考試，怎麼可能一次就過關嘛！當作第一次落榜的藉口，開始準備考第二次。不眠不休了好一陣子，卯足全力苦讀。

第二次赴試。莫名有種運氣來了的感覺。不僅一次就通過書面資料的審核，還同時獲得另一間公司的應考資格。只是，喜悅並沒有持續太久，第二輪的筆試慘遭滑鐵盧。

「今年運氣果然不好。」

就這樣又考了第二次、第三次。隔年的運氣依然沒有好轉。都怪該死的運氣沒有站在自己這邊。

歷經幾次挫敗後，她終於恍然大悟——在準備考試的這幾年，自己一直被所謂的運氣牽著鼻子走。學生一再落榜的時候，往往會忙著用「運氣爛透了」、「今年有夠倒楣」這些話來安慰自己，結果非但沒有竭力準備，反而還只顧著等待上榜的時機到來。

*

兩年後，她決定放棄考試，因為她認清自己應該靠實力決勝負，而非運氣。面試官也是人，他們的標準與結果自然也會隨著當下的心情或狀態改變。在標準不是絕對的狀況下，當然不可能完全都配合自己。

現在能做的，唯有好好表現自己了。她反覆思量，究竟該怎麼做才能展現自己的真正實力，便將目光從單一的公開招募轉往其他方向，全國上下舉辦的任何招募甄試，她一律不放過，無論是國家級的招募還是私人企業、公益團體的影片競賽。結果，這位考生囊括了多達三十二個招募甄試的獎項，報紙上處處可見她的名字。

又過了沒多久，奇蹟發生了。這名考生透過學校，接到了自己夢寐以求的聯繫；對方聽說這裡有位橫掃全國招募競賽的傳奇考生，想要特聘招攬她。這位考生終於在二〇一六年以SBS史上最年輕製作人的身分，風光進入電視台工作。

當時一起準備考試的朋友們紛紛異口同聲地說：

「哇，你運氣真的很好！」

事實是，這位考生的運氣並沒有很好。由於這是我本人的故事，我相當清楚。我不過是想辦法讓自己變得好運罷了。假設在我從媒體從業人員考試接二連三落榜、嘗盡苦果的那一天，再次把時間浪費在埋怨自己的壞運，結果會是如何？還是依然將人生的所有失敗怪罪給自己的衰運，只顧著蹉跎歲月呢？

我現在可以自信地說一句：「運氣一定存在，但千萬不要迷信。」人該做的是利用運氣，而不是期待運氣從天而降。一旦錯失了掌控運氣的主導權，便永遠無法成為人生的主人。因此，從天天擦身而過的小幸運，乃至不期而遇的大幸運，都要努力將運氣一點一滴蒐集起來、成為屬於自己的東西。

畫中的富翁與畫外的富豪

放不下繼承來的數兆財產，富翁仰望天空祈求：

「神啊，等到我死的那一天，請祢務必讓我帶走全部的財產。」

鍥而不捨的禱告感動了神，祂答應了請求。

「那你把財產全部換成黃金吧。」

富翁將所有財產換成黃金後死去。不久，富翁揹著沉重的黃金，終於氣喘吁吁地抵達天國。沒想到站在門口的審判官只是看著富翁的黃金，說：

「你幹麼帶這麼多黃金來？」

「嗯？什麼意思？」

富翁透過半掩的門縫瞥見天國景象，嚇了一跳：從柱子到地板、牆壁，全都是黃金打造成的。富翁這才恍然大悟，原來黃金在天國不過是如此尋常的石頭罷了……

「沒想到我揹著一輩子也花不了的錢，過完這一生……」

富翁遲來地嘆了一口氣。

有人說，活著時用掉的錢才是真正屬於自己的錢。唯有在生前將自己擁有的一切與人分享或花在自己身上，才能帶著輕鬆的心情與此生道別。把自己和根本花不了的鉅款綁在一起的富翁，其實與死亡沒什麼兩樣，只是看起來有模有樣的，畫中的富翁。

你想成為擁有千億財產卻連花都不敢花的富翁，抑或是不受金錢束縛的真正富豪呢？人們總是懵懵懂懂地渴望致富，卻從來不曾思考究竟該如何使用如此龐大的財富。那是因為你很有可能擁有的只是極為「平凡的命運」。

運是水路，而命是船。有些人是搭著豪華遊艇來的，有些人則是乘著平凡的小艇誕生；假如是比較艱困的境況，也可能只有木筏可坐。無論是搭著遊艇的富人或是乘著木筏的窮人，全都得用與生俱來的那艘船沿著水路前行。如果說人的命是遊艇、木筏，那麼想突破「運氣」這條水路，便取決於各人的能力與意志了。

當然了，遇上什麼樣的水路很重要。水流懂得分辨好運、壞運。水流有辦法如願朝著自己想去的方向前行固然是萬幸，但萬一被動盪的波濤沖往反方向，麻煩就大了。不過，假如只是待在原地不動的話，船也會逐漸向後退，所以必須持續划船才行。

人生就是如此。搭遊艇的人縱使遇上了驚濤駭浪，也能從容前行，但搭小船的人卻得咬牙苦撐才能避免翻船。

這裡說的「搭遊艇的人」，即所謂的「金湯匙」；就算不做任何努力，也能在一出生時就獲得股票贈與，並且名正言順地成為繼承人的那些人。就像大家總說「富貴在天」一樣，在機率上來看確實極低。而這也是命運的規則。

*

但先別急著失望。我們只是沒辦法生在豪門而已，卻依然可以成為真正的富人。與其成為人人稱羨卻無法使用金錢的畫中富翁，倒不如當個能夠自由運用金錢的畫外富豪？

大部分人擁有的命運都很平凡，所以夢想致富的人一聽見「您的命很平凡」，往往會馬上皺起眉頭。畢竟，每個人都私心期待，自己能擁有不一般的命運。

平凡的外貌、平凡的職業、平凡的性格、平凡的人生……全部訴諸「即使沒有什麼與眾不同，也不能說是沒出息或差勁」的金玉其外式解讀。

不過，所謂「平凡」其實才是這世界上最好的讚美。每次遇到對於「平凡的命運」露出不悅神情的人，我總會用「箭靶」這個例子來做說明：

一個名為「人生」的箭靶就架設在五十公尺外，沿著正中央的紅心向外側計算，分數是從十分到零分。數據顯示，第一支箭平均會落在八分，第二支箭則會受到風勢影響而脫靶。但在運氣的世界裡，哪怕風吹雨打、山崩地裂也絕對不會掉出箭靶之外，只要專心將箭頭瞄準，就算是陰雨綿綿的天氣也有機會順利射中紅心；為什麼？因為「平凡」是建立在一個基本的前提下——即使你不夠優秀，也不至於脫隊。

「平凡」這個詞就像這樣，隱藏著某種難以成就的價值。反過來說，就是運氣的射程不會落到極糟糕、惡劣的範圍裡；甚至還可以延伸解釋成：同樣能憑藉自己的力量，創造致富的機會。

比起死守著終其一生也花不了的錢的不實際富翁，成為實際能把錢花出去的富豪的可能性才更高。所以，就算沒辦法占據那百分之一的運氣，誕生成為畫中的富翁，也大可把握剩下百分之九十九的運氣，成為畫外的富豪。

在「您的命很平凡」這句話背後，其實隱藏著如此隱密、遠大的含義。

關於財富的錯誤提問

一直以來，人們都在尋求關於運氣的建議。無論是金融界排名前三十的豪門企業，或是選舉近在眼前的政界人士、苦惱參演作品的藝人，還是平凡的受薪上班族。儘管每個人的故事不盡相同，但最常聽到的卻同樣是關於「發財運」的問題。

像是「我有成為有錢人的命嗎？」「什麼時候才會輪到我走運？」等。換句話說，也就是怎麼做才能讓生活變得比現在更好、更成功。

任何人都會好奇自己的未來，就算是我也一樣。我同樣會津津有味地讀著那些雜誌上出現的「本月星座運勢」，面對用來排遣無聊的塔羅牌結果，也像是它能立刻扭轉人生那樣，聽得心臟狂跳不已，只因那遙不可及的未來，彷彿就是握在手中的一絲希望。

然而，運氣的原理或機制並不像一手交錢、一手交貨那麼簡單，人生的改變終究不是投入硬幣就能播放音樂、自動化運轉的投幣式KTV。

某天因為頭痛欲裂去看了醫生。

「請問您是哪裡不舒服？」

「頭一直陣陣作痛。」

「那我們先做一些詳細的檢查吧。這樣才能找到原因。」

醫師的第一步是診斷，以釐清不知名疼痛的根源，接著向患者提出像是手術或開立處方、建議休養等大方向，並將選擇權交予患者。患者只要在參考醫師的診斷後，選擇適合自己的療法即可。關鍵始終在「我」。

觀察一個人運氣的方法也是如此。對某些人來說，金錢問題或婚姻是一道關卡；對某些人來說，苦惱的則是換工作或創業。即便所有人都是為了聽取答案才找上門，但想要聽到真實答案的人卻比想像中來得少；又或者說，就算說出答案了，他們也還沒有做好完全聽進去的準備吧。

*

一名在小型物流公司已任職三年的主任，渴望得到一份可以一夜致富的命運特效處方箋。

一坐下來，他便笑著問道：

「聽說，我從小不管拿八字去哪裡給人家算，大家都說我的命很好。可是，從二十歲走到三十歲了，好像還看不見要走運的跡象耶……至少也該中個樂透吧？我的命到底怎麼樣？」

他的表情已經寫滿了「自信」二字，眼神透露出自己人生理應擁有的天大幸運似乎迷路了一陣子，還沒找到路，一副要我快點把它帶回正軌的樣子。

「我方便請教一下，您確切期望的是什麼嗎？」

「當然是變成有錢人啊。我命中會注定變成有錢人嗎？三年後會變得比較好嗎？」

他執著地刨挖著即將於三年後展開的玫瑰色未來，而我卻再也按耐不住自己的好奇心。

「請問您三年前在做些什麼？」

「就上班啊，每個月領薪水。當個薪水小偷的感覺也不錯。」

他已經親手揭開了自己的未來。三年前的景象，完全就是他三年以後的模樣。

倘若不採取任何行動，自然不會發生任何事；不，應該說理當不會有任何結果。人都已經長到三十歲了，卻連這麼簡單的道理都不懂嗎？這位男子正在完美地忽視基本的運氣原則，不，是人生原則。我沒辦法給予一心想著發大財的他任何建議。只是，他依然試圖透過猶如電波般的渴切眼神，向我呼喊著：

「拜託告訴我，我會成為有錢人。求求你……」

我能做的只有診斷。絕對不會給予任何答案。為了讓人生變得更好，我會試著陪伴上門諮詢的人一起絞盡腦汁思考。面對認真希望人生出現改變的人，我同樣也會在自己的能力範圍內認真地給予一切建議。可是，對於那些只是為了聽見自己想聽的話才來找我的人，我什麼也不會告訴他們。

至少在關於運氣的部分，我還是想對他說實話。於是，我告訴他：

「當尋覓的人愈是焦急，運氣也會逃得愈快，所以請不要期待與生俱來的運氣。沒有運氣，大可靠自己創造出來。畢竟，掌握運氣的方法太多了。」

就算是蜜蜂，也不會沒來由地往某個方向飛；就算是路邊的一朵小花，也會想盡辦法散發香氣與揚起花粉，嘗試以自己纖弱的軀體擬定與實踐存活策略。運氣也是如此。一個人具備的不過是成就某件事的適當時機與趨勢，但終究得靠自己的身體力行才能及時取得成就。

因此，這名男子的問題打從一開始就錯了。他應該問的是「怎麼樣才能創造運氣？」而不是「我有變成有錢人的命嗎？」當然了，如果能在問我之前先自己想清楚的話，過程自然會迅速很多，也會更實際、有效率。在男子大失所望地轉身之後，運氣也同樣離他愈來愈遠了。

・走大運時會出現的變化與信號

人的大運每隔十年會轉變一次，各人出現的時期也不相同。我們通常會將大運轉變前的一至兩年稱為「交運期」，在這段時期，某些共通現象會不約而同地出現，不一定是好是壞，因為當即將進來的運氣與既有的運氣交會，前所未有的混亂與矛盾也會被強化。

大運不會完全沒有預告地到來，而是會透過身體與心理、環境的改變，向我們釋出信號。像是面相改變等身體變化，或既有價值觀改變的精神層面變化、自己身邊的關係變得不一樣的環境變化等，都是比較具代表性的跡象。我們不僅能藉此預見當下的命運，更能預見即將到來的未來。

平均來說，人的一生中可以經歷一、兩次大運。換句話說，任何人至少都會遇上一次，而人生的成敗、貧富，也取決於每個人如何掌握這些跡象。因此，當大運接近時，千萬不可以輕易放手。順帶一提，以下是大運出現時會伴隨發生的變化與信號。此時此刻的你，是否正好遇上了近在眼前的大運呢？

1 容光煥發。
2 興趣與喜好改變。
3 整理好既有的人際關係。
4 經歷換工作、搬家、結婚等環境變化。
5 食欲突然變好。
6 家中的植物長得很好。
7 面臨逆境與苦難。
8 出現新的聚會與團體。
9 早上輕鬆地睜開雙眼。
10 視角與態度開始變得不同。

第二章

意志的心理

戰勝運氣的富豪 vs 被運氣壓制的富翁

THE PSYCHOLOGY OF LUCK

連老天也做不到的那件事

「老師，我媽生病了，她應該沒什麼大礙吧？」

「病得很重嗎？去過醫院了嗎？」

「該做的檢查都做了，醫師說沒有任何異常。可是她整天無精打采，而且動不動就昏倒。」

看起來十分孝順的小女兒找上門，詢問我母親的健康問題。外表看來頂多只有三十歲吧，圓滾滾的眼睛與鼻頭，依然保留著孩子的稚嫩感。不過，或許是經常擔憂母親與熬夜的緣故，甚至連眼周也布滿了疲憊。

大概是因為我們年紀相仿吧，我完完全全能夠體會她的心情。在我迅速將情緒轉化為想為她略盡綿薄之力時，反而在細細觀察她的運勢後嚇了一跳。

她的母親身邊滿是密布的烏雲。我究竟該不該加重她的負擔、坦承以告呢？我很擔心。但我實在沒辦法假裝看不見已經清楚呈現在眼前的、她母親的運氣，所以還是提出了一些建議，希望能幫上一點忙。

「就算沒有什麼嚴重的病症，也要盡量待在母親身邊陪她。一定要喔！」

「知道了，老師。我會的。」

*

後來又過了幾個月吧。那是個霧氣瀰漫的早晨，大約在上午十一點，接到了一下子想不起是「她」的電話——這個我曾經苦口婆心勸過的小女兒。聲線顫抖著，她說出母親離世的消息。

「我實在無能為力……」

究竟是什麼未能察覺的命運之力介入了？忽然間，一股懊悔席捲而來。勢必是遭遇了意外或天災才離開人世的吧？然而，我的推測卻是大錯特錯。

死因是自殺；因為憂鬱症。就常理而言，誰能想得到高齡七十四歲的老人家，會選擇親手結束自己的生命呢？人上了年紀後，通常都會為了想要再活久些而專注於減少罹病的機會，實在很難想像熟齡的長輩會決定自我了斷。即使擁有強烈的第六感如我，終究還是看不透人的意志。

「原來人的意志這麼強大！」

我終於領悟了：意志與命運息息相關，竟能決定一個人的生死。

偶爾會遇見一些隱約意識到自己命不久矣的人。雖然我不看出生年月日時，但聽研究命理學的人說，其實從一個人的八字就能看出這件事。無論如何，那天我只透過小女兒看到她母親身旁密布的烏雲，卻沒有見到即將自我了結的運勢。

金錢，更是人類發揮強大意志的領域。如同前面所強調的，財運是招來財富的有利條件，也僅是推動「我」這艘船的風。究竟該如何利用這陣風做選擇與投注，則端看自己的意志。實際上，我見過很多與天生的運勢抗衡，最後憑一己之力致富的人，其中包括好些家喻戶曉的名人；致富與否，關鍵在於意志所及。

日僑第三代、眾所皆知「日本最有錢的男人」軟銀會長孫正義，曾經窮到僅有木板違建容身，甚至想過要自殺；然而這個一度餓得不成人形的小男孩，卻能躋身日本首富。誰想得到，白手起家的他竟有如此飛黃騰達的一天？

在《環亞時報》（*Asiana Times*）名列全球富豪排行榜第三的阿達尼集團CEO高塔姆．阿達尼（Gautam Adani）也是。作為印度第一代白手起家型的富豪，他確實是個堅毅的男人。

印度是徹底採行階級制度的社會，「種瓜得瓜，種豆得豆」，有錢人自然都出身富裕人家。幾乎所有的印度大型企業都是在父輩或祖輩創立的公司基礎上繼續擴大、發展的。不過阿達尼主席不大一樣。他來自平凡的中產階級家庭，獨力創建了一間小型貿易公司後，堂堂正正地提升財富規模。大概因為這是特例的成功故事吧？阿達尼主席超越亞洲首富，直接晉身成為全球三大富豪之一的消息，已經成為外媒連續關注好幾天的話題了。

無論是童年家境清寒的孫正義會長，或是來自平凡家庭的阿達尼主席，他們的過去都不大起眼，然而憑藉自己力量成為撼動世界的超級富翁，確實極具啟發性。

孫正義會長後來曾在訪談中提到：

「幸運會找上所有人，但往往只有極少部分的人懂得善用機會。」

*

韓文中的「運七技三」（七分運氣加上三分努力），近來已經被改成「運九技一」（九分運氣加上一分努力），意謂一旦少了運氣的後盾，無論做任何事都很難成功。不過，我的看法倒有些不同，因為人若是失去意志，就算運氣再好也沒有意義；不，應該說奇蹟打從一開始就不會找上那些懦弱的人。

究竟是善良的人會變成富豪，抑或是強悍的人會變成富豪？答案當然是後者。假如是既強悍又善良的人，或許可以成為層次更高的富豪，但富貴運向來只會找上裝備好基本功並接住它的人。

富人的意志比你想像中來得更強。即使是在這一刻，富人們也在為了捕捉運氣，燃燒著意志的熊熊火焰。

為什麼富人那麼執著於運氣

在八點檔裡，經常能看到那種揭開身世之謎後、一夕間變身富家子弟的角色。如果說灰姑娘或土豆女紅豆女[1]的故事大前提是「隱惡揚善」，那麼額外加上致富元素的「人生逆轉」，就成了一定能吸引大眾關注的必勝公式。無論是過去或現在，人們永遠都對人生逆轉充滿興趣，並且樂於透過戲劇滿足自己的想像。

好，假設各位真的因為繼承了鉅額遺產而一夜暴富的話，心情會是如何呢？假設是繼承了未曾謀面的遠房長輩的數千億韓元好了。此時，被這天外飛來的好運嚇呆了的電視劇主角們，會立刻來一場從頭到腳的完美變身，彷彿下定決心要盡情享受灰姑娘時期沒法享受過的一切那樣。

第一站，在百貨公司優雅地漫步一圈，然後開始失心瘋似的購物。從要價數千萬韓元的愛馬仕喜馬拉雅柏金包，到數百萬韓元的迪奧高跟鞋、高級珠寶品牌的項鍊與耳環組……跟在身旁的隨行祕書則雙手提滿了購物袋。

1 譯註：韓國傳統童話，內容講述發生在美麗善良的土豆女與醜陋壞心的紅豆女之間的故事；情節與西方童話灰姑娘相似。

隨便幾樣加起來便已經超過五千萬韓元。片長六十分鐘的電視劇，全部都是像這樣天天享受人生的畫面。

即使是虛構的電視劇，偶爾也會被不必要的實際感叫醒，忍不住開始思考：「就算再怎麼有錢，真的可以像那樣隨便花嗎？」

我們姑且假設各位真的在一夕之間成為身價百億的豪門繼承人，而且每天都能花掉五千萬元好了。約略計算一下吧，每個月花掉十五億韓元的話，根本不可能留住任何財產。過不了五年，不，過不了一年就差不多沒錢了。

電視劇從來不會公布主角的存款餘額，至於主角十年後的人生，也交由觀眾們自行發揮想像力。儘管憑藉著天大的好運成為超級富豪，有沒有守住財產的能力則是另一個問題。無論為自己帶來財富的好運有多厲害，一旦缺少欣然接受它的意志，也只是曇花一現，甚至演變成莫名被捲入難以承受的命運旋風之中，被迫面對自己根本無法控制的事。我是在兩位實際認識的富人身上，明白了前述的道理。

*

某地主靠著在日帝強占期時獲得的土地所有權，累積了一筆可觀的財富；光是計算資產的部分，市值就已超過五百億韓元。而這對老夫婦唯一掛心的，即是膝下兩個年過三十卻不長進的兒子。

隨著擁有土地與房子的父親邁入七十歲後，自然也開始思考關於遺產贈與的問題。究竟該如何傳給下一代，他們才有辦法守成呢？就別說財富能不能增值了，只希望兒子們能好好守住代代相傳的祖產就好。然而，兒子們卻開始出些荒謬的主意，讓父母的盼望徹底蒙上了一層灰。

「那裡景色很棒，不如來蓋間飯店吧！」

「賣酒水的生意才是最賺錢的，開間大型咖啡廳啦！」

老夫婦的憂慮愈發變得強烈。實在搞不懂年輕人為什麼就不好好守住家產，老是要去做那些金玉其外的白日夢。實際考量後，判斷這些生意沒有任何利潤的老夫婦，與胡亂要求父母投資的不懂事兒子們，彼此間的氣氛愈來愈僵。結果，年邁的老父親罹患了身心症，經常病懨懨的，與父母疏遠的兩個兒子更開始減少回家的頻率。

找上門的老夫婦告訴我：

「我們希望下一代只要能守住代代相傳的財產就夠了。不必增加，也不要去外面被人家詐騙……」

然而，兒子們的想法卻不同。

「明明就有可以賺大錢的管道，但父母親的思考方式實在太古板了。一直死守著閒置的土地，怎麼可能賺得了錢？」

然而，一切都太遲了。年事已高加上久病纏身，老夫婦的身體狀況每況愈下。情緒的不安逐漸演變成關係的不和，再加上金錢的問題，更是為整個家庭帶來另一種痛苦。最後，老夫婦就在兩個兒子皆不願前去送終的情況下，孤單地離開人世。

父母戰戰兢兢地憂心著運氣會消失，而孩子也同樣戰戰競競地貪圖著運氣。繼承了財產的兩個兒子硬要拓展生意版圖，白白揮霍掉八成的遺產。

*

另外一位則是從創辦小型遊戲公司起家，十年後終於擴張成為國際公司的富豪，是眾所公認的能人。儘管經歷過連學費都繳不出來的童年，含著「土湯匙」出生的企業家卻一舉稱霸滿是高學歷份子的遊戲界。

這一切當然得來不易。一開始也是到處向認識的人借錢，才終於籌到一億韓元作為資本、創立公司。公司很快就倒了，他默默下定決心：

「失敗乃成功之母。」

於是重新開始投入第二次創業。這次呢，公司順利成長為員工近數千名的中型企業，營業額更突破一兆韓元，成功寫下驚人的神話。

他對子女的教育也與眾不同。秉持著自己一直以來堅守的信念，他要求子女們必須靠自己賺取生活費，將他們養育成即使沒有父母的幫助，也能自主生活的人，甚至公開宣布自己「未來不會將經營權交給子女」。始終抱持的想法是，就算他哪天退休了，也會交由專業經理人，秉公處理公司的業務發展。

對外，他更是不遺餘力地行善助人。站在子女的立場，起初難免會對父親的作法感到有些不是滋味，可是卻也漸漸開始夢想著自己能像是回應父母的堅定信念與言行一致的人生般，靠一己之力過活。人們總是異口同聲地說：

「您把孩子養得很好耶！」

「不只喔，我也把公司經營得很好。」

效仿父親的意志力，老大開始著手小型的新創公司，而老二則是剛在藝文界展露頭角，準備開拓屬於自己的路。現在的他無憂無慮，靜靜等待不久後安享晚年。

*

同樣是富人，境遇卻是如此不同。前者打從出娘胎就帶著豪門的命來到這個世界，而後選擇以防禦的方式守住財產；後者則是憑藉自己的力量開創富人的命，後來因為嘗到成功的滋味，而選擇以進攻的方式繼續開疆闢土。

這兩種富豪，哪一方會比較重視運氣呢？多數人應該都會認為是後者。

「因為他不是天生的有錢人，所以會更在意運氣。」

「既然都已經咬著牙賺到錢了，想必也會更執於運氣吧？」

其實兩位富人都很在意運氣，只是處理運氣的性格與方向不一樣。前者易受運氣影響，後者則不容易被影響；若是非得選出哪位對運氣更執著的話，答案是前者。

老夫婦本身也很清楚自己是多麼幸運，因為他們早就意識到，自己擁有的財富，實際上完全不是靠著自己的努力得來。對於害怕失去天生運氣的恐懼，使得他們終其一生都只能不停為此焦慮不安。

當然了，或許有人會覺得，那些憂慮不過是雞毛蒜皮的小事，但對於醒悟到自己擁有的一切並不是靠自己努力得來的他們而言，卻早已像是反作用力一樣種下「金錢使人不安的種子」。因此，天生的富人難免會格外在意運氣。

相反地，生活在今時今日的富人卻不同。他們對於運氣的執著程度，甚至薄弱得令人難以置信。這裡指的不是不相信，而是因為他們靠著自己的雙手開拓了屬於自己的人生，所以才會相信實力甚於運氣。他們並不會對於人生崩潰這件事本身感到太不安，畢竟，一無所有不正是促使這些人成功的根源嗎？

或許是因為這樣吧，就算為了一時的判斷錯誤而失去所有財富，他們依然能像不倒翁一樣，重新起身創業。假設真有衰運找上門，他們也不介意。**不易受到運氣影響的強大意志，終將創造史無前例的成就。**

天生在「那個世界」的富人，十分在意運氣；然而，贏得「這個世界」的富人則是專注於運氣。換句話說，前者受到運氣的壓制與影響，後者卻是踏著運氣逐步茁壯。這就是背負著財富重量的富人們的天大祕密。

終結挫折的舉措

決心，對一個人的人生能造成多大的改變？假如只有意志的話，又能不能成功、致富呢？答案是：對一半也錯一半。

所謂意志，顧名思義就是為了實現某件事的內心狀態，後面一定得加上為了達成某件事的行動。倘若只是下定決心「應該」、「必須」，實際上就像是手中根本沒有任何現金的人，卻在腦海中數著大把比特幣一樣。

在我認識的人之中，曾經有位在準備律師考試的朋友。剛從法律系畢業的他，眼看就要在兩個月後面對人生的第一次律師考試。然而，這場考試對他來說，基本上等同於最後一次考試——

家裡的狀況不太理想。儘管靠著單親媽媽的愛與犧牲，順利從首都圈的大學畢業，但是選擇成為考生而不是開始分擔家計的這條路，確實帶給他很大的心理壓力。作為一家之主，他必須賺錢的責任感與渴望成為頂尖律師、出人頭地的欲望，不斷折磨著他。

一邊胡思亂想一邊埋頭苦讀，一考完試就心慌地逃進網咖，直到終於壓抑不住在潛意識裡躁動的焦慮，他決定踏進哲學館[2]問問考試結果。

「這次的考試很重要，我能考上嗎？」

「你根本八字無官星，要怎麼考上？」

算命老師接下他寫好的出生年月日，仔細端詳了一下後這麼回答。

「嗯？那是什麼意思？」

「意思就是，你不是那種在考試過關斬將的命。」

怎麼會這樣。居然是不及格嗎……於是，他又去了其他地方。每一個老師都說了一樣的話。總共問了十多個算命老師，得到的答案都一模一樣。

*

然而，就在整整一年後，就在邁入新年的那一刻，他的名字堂堂正正地出現在律師考試的合格名單上。到底怎麼回事？聽完背後的故事，我忍不住點頭如搗蒜。其實那段時期，他確實走的是落榜的運勢，關鍵也不在於所有人都預言他會落榜。

整天胡思亂想導致專注力下降，當時的他只顧著沉迷在遊戲裡，課業的部

2 譯註：韓國的命相館。

分得過且過，酒精才是生活重心。持續放任自己陷入挫折的情緒與停擺的人生，最後落榜也是理所當然。幸好，一股好勝心幫上了忙。就因為接二連三受到自己將會落榜的預言打擊，他瞬間轉念，決定開始奮發。

「我會考不上？去你的運氣，我偏不相信！」

從那時候開始，雙眼燃起熊熊戰火，他開始沒日沒夜地苦讀，哪怕只是為了報答母親與改變家境。就這樣努力拚了一天又一天，他也在不知不覺間拉近了自己與榜單間的距離。原本偏離「上榜」的人生軌道，終於在意志的強攻下，讓一切回到原位；他破除預言，順利進入全韓國最頂尖的律師事務所。

直到此時才明白——只要有心，絕對可以改變運勢。縱使走在與風向完全相反的水路上，只要肯多花兩、三倍的力氣搖槳，依然可以掌控船隻的方向。就算現在的運勢不好，該做的反而是加倍努力地握緊船槳，頑固地堅持下去。

*

在由茱莉亞・羅勃茲主演的電影《享受吧！一個人的旅行》（*Eat, Pray, Love*）中，有段為人津津樂道的故事。有個人每週都跪在聖母銅像前祈禱：

「拜託讓我中樂透吧！」

他日復一日地流著淚，誠心許願。就這樣過了一天、兩天、三百六十五天，他風雨無阻，雙手合十祈禱著。聖母終於顯靈，並告訴他：

「拜託一下，你至少先去買張樂透吧！」

假如你夢想自己可以贏得樂透頭獎、一夕致富，至少也要跑遍全國的熱門投注站，或是認真花心力研究一下最有可能中獎的號碼，才能讓自己更靠近頭獎一些。總之，能夠贏得鉅額獎金的人，絕對都是那些願意實際起身去買張樂透的人。

財富亦然。如果自己現在沒有錢，首先必須將「我想要擁有多少錢？」「如何擁有這筆錢？」等想法具體化才行。

舉例來說，先假設自己想要擁有一輛價值一億韓元的進口車好了。預測自己的生活將在兩年後出現些許改善，因此將期限設定在兩年後。既然如此，一年最少必須存到五千萬韓元。用十二個月計算的話，每個月需要存下四百萬韓元；也就是每週需要存下一百萬韓元、每天則要存下十五萬韓元。可是，一個平凡的上班族真有可能像這樣存到錢嗎？

算一算就會知道，兩年的時間比想像中要短，所以試著將目標更貼近現實一點，也就是說將計畫調整為每個月存兩百萬韓元、為期五年。要不改變目標，要不改為延長時間的備案。最後，終於順利買下進口車。就算只是少數，但就是有人能夠做到。

有時，自己投入了百分百的努力，結果卻僅得到百分之五十的回報；有些人投入了百分百的努力，卻能得到百分之兩百的回報。這就是運氣在作用的信號。站在原地什麼也不做，運氣是不會自動降臨的。

雖然對任何事懷抱過度的欲望都是種毒藥，但什麼也不做就交出自己人生的懦弱也是另一種毒藥。成功的人們，往往都在不為人知的地方揮灑汗水、把握自己需要的運氣。

儘管人或工作都是如此，但財富終究不是原本就屬於自己的。因此，想要將財富納為己有，勢必得下一番苦工，才能在裝備好不受運氣操縱的實力與內功的同時，順利成為開創財富的聰明富人。

隱藏在「運氣好」這句話背後真正的意思

「運氣好。」

亞洲首位在英超聯賽勇奪進球王的孫興慜，受訪時這麼表示。歌手朴軫永同樣也曾透過大眾媒體表示，自己的成功是三分努力、七分運氣。難不成這些都是假謙虛之名、行炫耀之實嗎？這樣未免將太多功勞歸於運氣了吧！

兩位都是已經在各自領域攀上巔峰的人，堪稱無人不曉，實在沒有必要再變得更出名，大可單純靠著自己的才華、影響力，屹立不搖地捍衛好屬於自己的領地。不過，這些人到底為什麼老是說自己的成功是因為運氣好呢？

我一直很好奇這點。而且愈頂尖的人，愈是如此。他們勢必也在成功之前嘗過好幾次失敗的滋味吧？那種明明已經全力以赴，卻還是因為一個很小的原因而全面翻盤的經歷。

對足球選手來說，球場吹起強風或運動鞋帶纏住，就會造成大麻煩；對於歌手，也可能因為在前一天得了感冒而改變比賽排名。或許當自己付出了努力卻毫無收穫時，就會轉而將那些瑣碎的事或瞬間，看得比自己的努力來得更重要；反過來說，其實也就意謂著自己已經竭盡全力準備了。

不久前我在網路上讀到一則有趣的新聞，報導以問卷調查的方式訪問僅在公司待了一、兩年便選擇離職的上班族們難以啟齒的離職原因。出乎意料的是，大部分的答案都與公司有關。

第一名是「與上司／同事的矛盾」，第二名「與組織文化不合」，第三名「福利制度不符期待」，第四名「工作內容與性格不合」，第五名「不看好公司前景」。其中，有個答案更是在三秒內吸引了我的目光：

「公司不給機會。」

指的是理當將職員的勞動力發揮至極限的公司，真的沒有給任何機會嗎？我想起了自己仍是菜鳥製作人的日子。那是我夢寐以求的工作，而且只要想到可以盡情製作各種節目，心情就立刻變得飄飄然。橫掃招募試已經證明了我經過磨練的實力，整個人也處在百分百掌握大環境趨勢的狀態，只要開始著手製作就對了。

然而，在這個年僅二十九歲的菜鳥製作人面前，繁星般的前輩猶如一堵堵高牆般捍衛著自己的位置。別說製作節目了，我甚至一進到公司就被擠到導演助理的位置。我邊打雜邊想著：

「我明明可以做得很好，為什麼就是沒有機會？」

隨著日子一天天過去，我的不滿也愈積愈多。很難受，也很委屈。於是，我終於下定決心。

「這樣下去不行。如果不給我機會，那我就自己創造。」

就算熬夜工作了整整一星期，我連周末也擠出時間來製作影片。顧名思義，這就是我自製的節目。將惡搞的MV上傳到網路後，引起了超乎預期的爆炸性迴響。

是時候走運了。就在影片的點閱人次突破百萬之際，打對台的電視台提議想要使用我的影片。沒有特別需要拒絕的理由，我的自製影片就這樣靠著口耳相傳，散播得更遠了。幾天後，公司組長把我叫去。

「你是怎麼搞的？哪來的膽子把影片轉給對手？」

被狠狠訓斥了一頓。但我同樣也有話要說，我坦白表達自己不過是想要做節目，才用這種方法創造機會罷了。結果，一個美食節目的製作案就交到了我手上。

*

人偶爾會在事情不順遂時，光顧著從外部找原因，簡單推給「別人」、「環境」，就像在問卷調查上回答「公司不給機會」那樣。當然了，公司也真的有可能選擇將各位的能力牢牢禁錮起來，完全不給任何機會。

不過，換個角度看，這其實也意謂著你沒有好好向公司展現自己的實力，而不是公司不願意給你機會。自己明明有十分的實力卻只展現了三分，最後當然只會分配到相應的工作內容。人生不會親切地呵護著各位說「來，請盡量展現自己喔！」如果真的有實力，無論有沒有位置，都該創造機會讓自己被看見，而且也只有像這樣果敢地展現自己，才稱得上是真正的實力。

財富也是如此。自己的渴望再大，別人也不可能輕易讓出位置。如同前面提過的，**想擁有任何東西都需要相對的努力與能量。開啟財富的鑰匙，即取決於創造機會的力量。**

運氣是一種甜美的獎賞，專門降臨在那些懂得想盡辦法鑿出縫隙的人身上。現在明白隱藏在「運氣好」這句話背後真正的意思了嗎？重新解釋一次：「運氣好」代表努力是基本、實力是必須，剛剛好連天氣也晴朗得不得了。這些幾乎可以說是我見過的所有富人們的共通點。儘管現在只有一份平凡的工作，但只要下定決心「我總有一天也能變富人」，自然就會認真思考「運氣好」的真正意義，並開始創造展現自我實力的機會。

二律背反的工作與生活的平衡

清秀的新人演員出現在某綜藝節目上。是個擁有一張令人忍不住回眸的美貌，以及宛如柳枝般體態纖瘦的美人。

早在正式出道前便與「絕世美顏」劃上等號，左鄰右舍都稱讚她簡直就是天生的韓國小姐；每次外出跟朋友見面，都會收到來自經紀公司或演藝圈相關人士的名片，實際踏入演藝圈，契機確實也是在路上被星探挖掘。她本人十分清楚自己的美貌，靜待著終將綻放的人生，早已充滿眩目的鎂光燈。

致富是她人生的終極目標。只要她下定決心，基本上隨時都能辦到，不管是專屬代言人、億來億去的廣告費用，還是形象品牌化的各種商務交易……只要靜靜倒數著一切成真的那一刻到來就好。

順利地踏上了演員之路。儘管只是配角，但經紀公司卯足全力的支援，加上出眾的外貌，讓她輕而易舉獲得大好機會；觀眾認同就算她演技還不夠成熟，也的確令人眼睛為之一亮，接下來大概就等著乘勝追擊、躍上一線女星的位置了。人氣水漲船高，連帶幫她和親姊姊一起成立自己的飾品事業，不只為了展現自己的時尚觸覺，也是想要賺到更多的錢。

然而，她卻開始受不了新人演員必經的辛苦。大概是因為她從小就集萬千寵愛於一身吧？就連面對一些普通的工作也會很快顯得不耐煩，或是動不動就選擇放棄，既沒有承受過困難的經驗，也缺乏耐心與堅持。於是，從來沒有任何工作有辦法堅持到最後，動不動就在稍作嘗試後便草草放棄。

*

不知不覺，就這麼出道了兩年。有次，在拍攝電視劇的現場，她開始向我大吐苦水。

「姊，我真的好累喔……」

「怎麼了？發生什麼事了？」

「上次演小女兒的角色很輕鬆啊，但這次台詞好多，穿韓服又好熱。每天都只能在這種鳥不生蛋的地方拍戲，而且明知道我身手不靈活，還一直叫我拍動作戲。我已經好幾天都睡不好了，皮膚狀況有夠糟糕……」

「再堅持一下，很快就結束了。」

「我覺得工作和生活平衡是很重要的事！」

嗯？工作和生活平衡？是傳說中的「work life balance」嗎？我不禁懷疑起自己的耳朵。因為她老是嚷嚷著要成為「一直賺大錢」的演員，感覺上和 work life balance 這三個字的距離應該很遠才對。既不是生活安穩的上班族，又身處在這種無數明星會在剎那間崛起與消失的演藝圈，還奢望「工作和生活平衡」？我心裡實在驚訝得不得了。

當時我沒有多想，就是笑了笑，頂多覺得這種不成熟的抱怨聽起來有點可愛。她可是有著所有人都求之不得的完美外在條件的新人演員耶？我相信她儘管暫時覺得難熬，但只要能夠克服困難，演員生涯一定可以過得十分順遂，如同我見過的無數演員、歌手、明星們那樣。

然而，我現在倒是有點後悔。假如可以重新回到那個瞬間，就算會傷透她的心，我也會堅持提出忠告，坦白說出自己實際從她身上觀察到的運勢。

我會告訴她，維持工作與生活平衡無法成就任何事，不僅不可能如願成為她想要的「一直賺大錢」的演員，在富人的世界這更是天方夜譚。夢想成為頂尖巨星的人或許只是少數，但想要致富的人卻是多如恆河沙數，所以致富才會像天上的星星一樣珍貴。只是，有可能什麼都不願付出就達成這個目標嗎？世上不存在這種事。

「我覺得工作和生活平衡很重要。」

「私人時間比工作更重要。」

不少人習慣把這些話掛在嘴邊。這無關對錯，而是一種選擇，因為「富人」與「工作和生活平衡」本質上實在不能混為一談。

*

這與「適量工作，適量賺錢」的心態無關，而是假如一個人不在意自己是否能夠致富的話，重視工作和生活平衡當然沒有什麼問題。可是，希望輕鬆不吃苦又想坐賓利，這樣的想法就大錯特錯了。在盡情從事自己喜歡的購物、旅行、休息與興趣的同時，卻又期望自己能成為人上人？這個世界不存在這種生活。想要盡情享受，又想要搭賓利的念頭，太貪心了。

連各大電視台爭相挖角的A級人才們都不分晝夜，甚至銷假工作；當然了，有些情況就算盡了全力也不一定保證順利，但哪怕只是時間上出現些微差異，堅持的人終究還是會成功。因此，我會向追求工作和生活平衡的人說：

「先確實規劃好自己期望的人生是什麼模樣，再去選擇究竟要第一種或第二種。」

首先，想要往上爬的人，免不了都得將私人生活的順位往後排。再怎麼有能力、了不起的 CEO 都必須為了維持事業而不停做出新的嘗試、追求更遠大的發展。

事業這回事，其實就像直升機或自行車一樣，一旦稍微停下螺旋槳或是沒有持續踩踏板，很快就會摔倒或墜落。此外，必須養活數百、數千個人的壓力又該有多重呢？只能別無選擇地承擔起來。

對富人來說，實踐自律的生活是必然的宿命。因此，同時期望「富有」與「工作和生活平衡」，不免就會成為二律背反——它們是絕對不可能共存的兩塊領域。

夢想著有天成為一線巨星的新人演員，就這樣演了好一陣子的有錢人家女兒的角色。不久後，我偶爾會聽到她在做些兼職，等待機會東山再起的消息，甚至只要不是她想要的角色還會拒絕試鏡。

後來又過了一年、兩年……過去備受期待的美好容貌，也早已被歲月打入冷宮，從此再也沒有在電視上見過她的蹤影。曾經夢想著成為光鮮亮麗有錢人的她，現在又在哪裡、做些什麼呢？

如何成為意志的化身

前面提過，意志是吸引運氣的關鍵，也了解到必須靠自己創造機會、展現實力。既然如此，究竟該如何成為「意志的化身」呢？該準備些什麼，又該如何實踐呢？有些人一心想要致富，卻毫無意志；恨不得發大財，卻又認為這是天方夜譚。這種時候，有個簡單的方法可以很快點燃意志。

*

某天，一位青年企業家來找我，他正為了該不該擴展事業版圖苦惱著。從他進門的那一刻起，我發現他的眼神顯得格外明亮，雙眼明顯帶著聰穎與機靈，馬上就能看出是個擁有意志力、不同凡響的人物。也許是因為眼睛是人體唯一外露的內部構造吧？他是那種光靠眼神就能展現出很多東西的人。兩顆眼睛宛如意志與決心的標誌般，一直眨個不停。

青年企業家說道：

「我確實靠著餐飲事業成為自己腦海中想像過的那種有錢人。」

我的眼前閃過幾個與他相似的富豪眼神，心想著「啊！這個人和他們一樣呢」。資產額可觀的新一代富豪，往往有個神奇的共通點——全都擁有明顯的「富貴相」——這是指他們猶如掌握著囊中物般，是能清晰描繪自己想要成為哪種富豪、到達哪種程度的富人。

「怎麼樣才能夠變得這麼成功？」

「我從頭到尾只想著一件事，就是每天上山看房子。」

從清潭洞的高級頂樓酒吧到義大利餐廳，擁有數十間連鎖店，是個備受矚目的餐飲企業家；光靠這些生意，他的年營收就高達百億。但直到現在才終於憑著美食與服務打下一片天的這個年輕富豪，其實經歷過一段不幸的童年。

父親從事的是肉品批發，三天兩頭就惹出財務問題，更別說負擔家用了。一家人幾乎只能靠著母親在餐廳的工作維生。結果，就在父親揮霍完所有財產後，直接從租屋處被趕了出來。

後來他一直在貧民窟過著租屋生活，好不容易才終於從學校畢業。在他完成高中學業北上首爾前，都不曾脫離一下雨就會淹水的房子。每天去學校，總在擔心自己會因為制服發出的霉味而被同學取笑；放學該回家了，又因為不曉得家裡是不是又淹水了，害怕得不得了。對他來說，「房子」是最想改寫的一塊，是補償不了的童年「夢想」。

到了首爾後，他只想著一件事——

「我要買一間可以住一輩子的、屬於自己的房子。」

他開始讓夢想變得具體化。象徵財富的江南區很好，能將一望無際的漢江美景盡收眼底更好；無論是暴雨或竊賊都能完美抵禦的安全環境自然不可或缺。他夢想中的安樂窩只有一處，也不想再做白日夢了，所以每晚結束餐廳的工作後，便會沿著店鋪旁的山路往上走。

大約走到半山腰之際，就能在碧綠漢江的另一端見到自己夢想中的房子。望著眼前如繁星般閃閃發亮的萬家燈火，自己總有一天將擁有這一切的期待，總能讓他忘卻一整天的辛勞。

「龍山區○○洞○○大樓，實價登錄是韓幣五十億元。」

他每天都在腦海中預約這間夢想中的房子。除了地址外，甚至連周邊的商家也背得滾瓜爛熟，將未來一定會實現的夢想牢牢懷抱著。

就這樣繼續在別人的店裡工作了幾年。託這份工作的福，搞懂了如何觀察餐飲業的整體趨勢。靠著自己一分一毫存下來的投資基金，計算清楚損益後，開設了第一間餐廳。這不是靠著貸款負債的危險起步，而是選擇了一條緩慢卻絕對不會自毀的踏實道路。

這番詳盡考量了租金與人事費用、投資金額的完美規劃，讓他在五年內穩定發展，最後順利靠著餐飲生意走上康莊大道。

當轉虧為盈的事業為自己賺進一大筆錢後，「夢想」成為他第一個入手的物件——朝思暮想了一輩子的那間房子。終於在長大成人後，找回自己童年時失去的那個家。誰能預料到這種事呢？那個每天在餐廳裡跟在別人後邊學習的小伙子，就這麼成為餐飲界的龍頭。

年輕的企業家接著說道：

「大概是從那個時候開始吧，準確來說，我只夢想一件事，也從不期望什麼發大財。我唯一想做的，就是買一間好房子、和媽媽過上舒舒服服的日子。別人或許會先想到高價的進口車或名錶，但這些對我來說都是其次。人其實很單純，人生的價值觀往往取決於過往經歷了什麼樣的生活。匱乏形成了夢想，而房子就是我的解答。」

看著他充滿韌性的雙眼，我確定了一件事：

「這個人一定會成為不一般的富豪。」

果然，與眾不同的人終究是與眾不同。年輕企業家將自己腦海中的富貴相完整地體現於現實生活中，這裡說的「相」，指的是「描繪的模樣」，也就是即將呈現的「未來」。打敗兩千分之一的瘋狂錄取率成為JTBC當家主播，每晚凝望著電視台以堅定自我意志的傳聞，同樣展現了具體化想像畫面的重要性。

＊

如果是基於這層意義的話，韓國近期流行的「富豪體驗」其實也值得一試。像是找間平常不可能去的五星級飯店餐廳，品嚐一頓幾十萬韓元的料理，或是搭乘要價遠遠超越自己收入的頭等艙等。儘管一定會有人批評說「為什麼要這樣浪費辛苦賺來的錢？」但這麼做實際上是為了致富，實踐像富人一樣花錢的概念。

寬敞的餐桌搭配時尚的室內裝潢，細心地為客人接下外套掛好、無微不至地拉開椅子……從踏入門口的瞬間到離開的那一刻，都能感受到無價的特殊待遇。因此，自然就會確信富人的世界勢必比這些經驗來得更精采。如果能夠保持這份感覺，最終就能將意志化為行動，開啟進財的渠道。

不只如此，還可以**替致富的目標儲值**。即使平常不曾意識到，但實際上每個人都能在日常體驗富人的生活，像是去趟百貨公司刷卡買件衣服送給自己，或是在壓力很大的日子，去無菜單料理的高價餐廳享受一餐。

總而言之，這段文字的重點並非鼓吹大家成為YOLO[3]族或奢侈度日，而是希望每個人都能夢想著「明確的富豪感」並嘗試去體驗它。別再只是漫無目的地靠一張嘴說要發大財，而是得讓「富貴相」清晰地浮現在自己眼中，形象清晰，人往往就會將它實際付諸行動，無論最後做得好不好，實現機率自然會提升，縱使在視野變得狹隘或判斷力渙散時，也不太會輕易失去目標。只要始終堅定意志與耐心，過程中也不會為了無謂的煩惱而動搖。一個將夢想變得觸手可及的人，最終勢必會如願達成。畢竟，不清晰的想像，最後也只會換來不清晰的結果。

自己想要成為什麼樣子的富人？致富後，又能實現些什麼？當富人的

形象愈清晰，一個人對財富的渴望也會變得愈強烈，這就是成為不平凡富豪的、微小卻十分強大的實踐法。

俗話說，沒吃過肉也知道肉的滋味。只要體驗過小成功，自然就能成就大成功。我認為自己不必再向青年企業家提供任何建言了，因為他相當明白自己處於什麼樣的位置，以及究竟該做些什麼。就像任何人都曾經歷過的一樣，人生在世總有一、兩次運氣不好的時候，可是他卻相當清楚——自己絕對不會脫離富人的行列。他終將屹立不搖地實踐看得見、摸得著的成果。

3 譯註：取自 You only live once 的縮寫，用作形容享受當下與獨處的生活型態。

「運氣」的哩程

「老了以後會幸福嗎？」

「十年後會在做什麼呢？」

人們總是對「人生的終點」感到好奇：自己能不能過著不愁吃穿的老年生活、安享晚年呢？可惜，人生往往不會按照精心設計的劇本發展，它只會朝著某個大概的方向或趨勢前進，而非完美地沿著特定的道路。細節部分，終究得靠自己親手調整。每當我這麼說時，大家總會一臉失望地反問：

「那……不就根本沒有命運這種事嗎？八字、命理豈不都是騙人的？」

所謂的運勢，從來就是結合過去與現在、未來的產物，誰也不可能隨便保證一年後發生的事，這也是我觀察過無數人後獲得的領悟之一。

財富亦然。雖然偶有天降橫財，但這機率基本上是微乎其微，特別是對天生「平凡命」的一般人來說——即使無法命中紅心的滿分，也不會脫離箭靶的「平凡命」。

人們經常誤解一件事，就是只要財運好就可以立刻成為超級富豪。可是，每個人對有錢人的標準都不一樣，對金錢的價值觀也不同，有些人就算擁有一百億也不覺得多興奮，有些人只要能馬上得到一百萬就覺得足夠治癒百病。財運究竟是什麼？我們又得拿什麼來交換財富？

*

在賣場擔任計時收銀員的S一直過著平凡的生活，基本上就是毫無任何變化的人生。總是如常在相同的時間上班，然後像部機械般掃描著商品條碼。

直到某天，一位在收銀台結帳的客人突然開口說道：

「你明年的財運很好喔！」

這位客人說自己是個命理師。對S來說，哪怕只是一句隨口說說的好話，也足以讓人心情很好。自從那天起，S的臉上開始綻放著如花般的笑容，原本只是覺得「不會吧？」的心情，也逐漸滋長成「搞不好喔！」的期待。

就這樣過了三個月、六個月、一年……新的一年到來了，說好會來的財運卻無消無息。S有些摸不著頭緒。怎麼看都沒有任何關於自己即將發大財的跡象，一度抱持的一絲希望，也很快變成了失望。

其實，S的好運已經過去了。一年前的S每個月會領到兩百萬韓元，隔年剛好遇到調漲時薪，對計時人員來說，這的確是相當罕見的事。命理師對S說的財運，也包含了這筆錢。

所謂財運，不是指突然從天上掉下來一大筆錢，而是會得到比現在更好的際遇，也就是更有利於賺錢的條件。一切不會如同S的期待，在自己什麼都沒做的情況下莫名其妙發現帳戶多了一億韓元；況且誰也不會知道究竟會是一百萬或是一億。儘管如此，S依然埋怨著命理師客人沒有告訴自己財運確切的時機點與金額——戰戰兢兢著自己是不是錯過大好機會了。對於不懂得處理運氣的人來說，這種怨天尤人是相當典型的馬後砲。

假設S當時懂得思考「原來我的財運會開始變好。既然時薪稍微漲了些，不如去做點小額投資？」結果大概也會有所不同。如果因此開始搜集一些關於投資的資訊，並且藉機累積實際的投資經驗，那麼對金錢的直覺也會變得靈敏起來，自然就能在恰逢財運降臨的時期獲取不錯的成果。

*

如同前文所言，一張彩券都沒買過的人，怎麼能夠盼望自己會中獎呢？**財運本身不是結果，而是一股即將推自己行為一把的順風。**風，從來就不會去推那些沒有目的地的船。

一年的時間比想像中來得漫長，足以改變不少事物，不僅是財富，有些人在這段時間因為用功讀書而達成上榜的夢想，有些人則是努力經營公司，順利擴大發展。

人總是不停地在重複「選擇」與「專注」，直到壽終正寢的那一天。所謂人生，即是專注於自己的選擇，並且為此負責。這是從自由意志出現的那一刻起，便已能預見的循環，結果如何只取決於選擇做得好或不好，以及一個人願意多麼專注在這個選擇而已。

至於做出什麼樣的選擇、專注度多少，關鍵終究在於意志。只要下定決心，無論成敗都能瞬間扭轉。因此，像S一樣僅是毫無作為地企盼著運氣，等於不在「人生」這張答案卡上做任何畫記卻希望自己能得到一百分那樣。

面對沒能好好把握降臨在自己身上的好運，卻老是疑惑「為什麼我都沒有運氣？」的人，我會這麼回答：

「請把運氣想成飛行哩程。不過，它的有效期限只有幾天，很快就會消失。那應該怎麼做才好呢？您會什麼也不做就放棄這些好運嗎？當然會希望趁它消失前，想盡辦法用在自己身上吧？而且還要用得愈多愈好。也是說，必須實際採取行動，好好運用降臨在自己身上的好運。」

大家一定都聽過「十年大運」這個詞。為了綜觀運氣的大趨勢，才會以時間段加以大致區分，十年是大運，五年是小運，一年是細運。

我經常會向人提出以立春作為基準，專注於訂定一年的細運。如果說長達十年的劇本都已經訂好了，不覺得太迷茫了嗎？感覺就像是有堵巨大的牆矗立在自己面前一樣。然而，「今年的運」卻能每年更新，所以只要有任何新的想法，都可以重新開始；換句話說，即使光靠努力難以扭轉大趨勢，自己依然能夠改變很多東西。

此外，每當新年、立春到來，萬象更新的感覺也總會讓人的心情變得豁然。關鍵在於行動，每個人的行動都會隨著自己做出什麼樣的決心、選擇而變得不同，而這些行動也終將一一決定自己整年的運勢。

所謂人生，就是哪怕只是一個月後的事也如在五里霧中。置身於像是現今這般瞬息萬變的時代，更是完全無法預測。雖然一年後感覺很久，倒也確實足夠了——足夠去改變些什麼，足夠去調整風向。那些如風般來來去去的財富就更別提了。**具體想像降臨在自己身上的運氣，而後思考如何將它轉化成為行為。**假如自己一點也不在意的話，哪怕是再好的運氣來到面前，這股運氣最後也只會消散得無影無蹤。此時此刻，我也正盼望著各位能夠留意一下自己的運氣，並將它運用到極致。

第三章

暗示的心理

看懂未來才能掌握機會

THE PSYCHOLOGY OF LUCK

直覺有其脈絡，抓住它！

「到底是怎麼發現的？」

「我早就知道你會這樣。」

在只有心證但毫無物證的情況下，察覺男友偷偷出軌了。有些事就是會像這樣被人發現。儘管很想堅持這根本是無稽之談，但不妨先當作是某種形式的詐騙，姑且相信有另一個世界存在吧。

在那些所謂「爆紅」的演藝圈人士身上，我發現了一個共通點——擁有靈敏過人的「直覺」與「第六感」。這些人要不是在歌唱大賽節目的一開始就說中「A絕對會拿冠軍」，要不就是總有辦法鐵口直斷「這次的周末劇應該會紅」。

在電視台打滾的人，尤其是那些需要上台的藝人們，幾乎沒有人不具備這種直覺。其實，光看歌手便能略知一二：私底下再怎麼害羞，只要一站上舞台就會搖身一變成為另一個人。也就是說，能在攝影機的開與關之間發生一百八十度的轉變。每當見到這種景象，免不了會好奇「怎麼只要攝影機的燈一亮就變成另一個人？」然而，直覺敏銳的人就是有辦法在實際透過肉眼見到這一幕前，便已洞悉一個人的資質。

直到踏入運氣的世界後，我才明白這個道理。無法使用邏輯準確解釋的情況，也就是「不知道原因，只是覺得一定會那樣」的直覺，實際上就是成功致富的「鑰匙」。每個富人的這項能力都相當發達。

尤其是比他人提早看透幾步棋的能力，一眼就能感知到「嗯，這件事會這樣發展下去」，接著再與突如其來的想法連結後，順利創造財富。

就這層意義來看，投資與直覺也有很深的淵源。雖然無法得知今天買進的股票究竟會變成壁紙還是黃金，但富人們往往會相信自己的直覺，並堅持自己的選擇。有辦法先一步展望十年後的傳奇投資人，那眼光絕非只是單純的猜測那麼簡單。

＊

一八六〇年代，美國一位詹姆斯・傑克森（James Jackson）醫師從照顧患者的過程中，領略到任何人只要有蔬菜與水就能變得健康的結論。

他心想「只要把穀物加水混合就好啊！」於是全心投入發明了健康食品穀麥棒（Granula），語源取自意指「小顆穀粒」的 granules，而這個靠著零加工穀物守護人體健康的商品，也在當時成為熱門話題。然而，他開發的穀麥棒不只太硬了，還一點也不好吃，就算病人再急著康復也完全不想碰。

與此同時，同樣在醫院任職的家樂氏（Kellogg）兄弟倒是獨具慧眼。他們開始思考，究竟該怎麼做才能讓穀麥棒變得美味。東試西試的兄弟倆做了各式各樣的實驗，最後兩人嘗試將麵糰擀成薄片，終於創造出片狀的穀麥產品，今日家喻戶曉的全球麥片品牌家樂氏就此誕生。瘋狂熱銷的麥片後來也為家樂氏兄弟帶來可觀的財富與名聲。

我們可以從這個故事明白一個道理——他們擁有的直覺力量。假如兄弟倆錯過了靠穀麥棒致富的關鍵，只看見這項產品的缺點卻沒能洞悉隱藏其中的成功之道，他們有可能致富嗎？

靈敏的直覺，意謂著即時的領悟，同時也可以說是神妙力量的體現；有人認為，「精神解析度」亦是相當適合的形容。簡單來說，解析度高且畫素多的相機拍攝出來的照片，自然就會顯得色彩鮮明、栩栩如生。當一個人的直覺解析度愈高，看見的世界也就會愈清晰。因此，精神解析度高的人，往往也會散發出異於常人的吸引力。

*

我自己看的話，韓國人的直覺發展就相當出色，看看那些在國際大賽橫掃獎牌的射箭、射擊、高爾大、擊劍等項目，只要觀賞過被譽為「神弓」的韓國射箭國家隊比賽，無論對手射中幾分或是風勢如何，都能如常展現絕不動搖的精神。另外，有別於西方國家的廚師，東方國家的媽媽向來就不依賴食譜。比起精準計量零點一公克，媽媽們光靠目測做出來的料理同樣好吃得不得了。諸如此類的超感官知覺，就跟直覺有關。儘管進入講究科學與產業發展的時代後，世界偏重的就是邏輯與理性，如今卻反而到了必須更重視截然不同的感性與感覺、直覺的時候。

這部分當然也講究天份，但成就過人的富人們在提升直覺上的鍛鍊，也從不懈怠。首先，他們從小所見所聞的層次便已經與他人不同，不僅勤於均衡開發左、右腦，同時也會盡量累積愈多相關經驗愈好，如此才能創造一套獨有的情感邏輯，追求自我的強化。

接著，再將這股無限的力量發展成可能性，而後轉化為財富。所謂的第四次工業革命，即「心靈智力」，也就是靈商（Spiritual Quotient, SQ）的時代到來了，這是與智商（IQ）、情商（EQ）完全不同層次的另一個世界、是堪稱無所不能的ＡＩ也無法取代的——因為這是只有人類才有辦法開發得最深入的高層次精神世界。

察覺到男友變心的女人第六感，絕非巧合。男人開口閉口撒些小謊，連約會也經常遲到，從這些細微的線索開始，綜合聲音、語氣、眼神等一切感覺經驗後，得到的結果就是男友變心。最後，女人的直覺幫她做出了明智的選擇——為了自己的幸福而分手。

世上不存在所謂的巧合。唯有懂得覺知瞬間的趨勢，才能掌握住財富與未來。

富人的包包通常都有「這個」

穿戴整齊得無懈可擊，搭配鈕釦扣滿的端正，單憑外表就能知道是個不折不扣的教育家。推算約莫是五十多歲的男子，自一九九〇年代縱橫補習界後，迄今早已躍身為資產過億的補習大亨。

「您在做筆記嗎？」

「是，想在需要的時候拿出來看看。這是我個人的習慣。」

這實在很難不讓人驚訝。一個人人稱羨的富豪，竟然掏出一枝筆一字不漏地記下別人說的話？在社會上有一席之地的人，通常會出於本能地將他人的建言當成耳邊風。

我實際上遇過的人也大多如此，即使提出了誠懇的建議，對方往往只會對那些順耳的話有反應，並忽略那些不中聽的，還會氣沖沖地報以「你憑什麼教我？」的態度。可是，這位中年男子卻像個上課時間專心做筆記的模範生，認真得不得了。

「平常也會像這樣認真做筆記嗎？」

「對，只要是我覺得對自己有幫助的話。就算是當下不覺得有什麼特別的，只要遇見好的句子或訓示、靈光一閃的想法，我都會寫下來。或許總有一天會用到吧！尤其是在授課或擴展事業的時候，特別有幫助。」

*

這是為人津津樂道的故事。這個在錄取考試屢戰屢敗的男人，最後決定踏上補習班講師一途，放棄了原先當個學校老師的夢想。儘管他比任何人都熱愛教學，但當時對「講師」的感受卻不是太好，哪怕在大學同學會的場合，氛圍也不太自在：當同學們都已經成為體面的小學老師，只有自己仍輾轉於不同的補習班之間。

起初，「總是得餬口」的念頭比較強烈，後來心態卻逐漸轉變成「既然要做、就要當最厲害的講師」！就是從這個時候開始，他彷彿著魔似的將一切記錄下來。對他來說，只要有助於授課、有助於提升學生數量，任何故事都是很好的題材。

一開始他專攻那些能吸引學生的東西，單純是覺得「既然生活已經這麼苦悶，要是能夠來這裡笑一笑也好」；接著他試著將一些小幽默融入數學公式中，讓孩子們覺得比較容易背誦。

不久，這號人物開始在媽媽之間口耳相傳，他也從考前衝刺的社區補習班老師，在三年間慢慢成為整個地區最厲害的明星講師，最後躍身經營連鎖補習班的CEO。

對於自己的成功，他這麼說：

「我家裡有幾十本寫得密密麻麻的筆記，一本也沒丟過，全部收在一起。

偶爾也會有人問我『不覺得這樣很麻煩嗎？』但對我來說，那些筆記就像是我的分身。有時候不小心把筆忘在家裡，就會一直擔心自己錯過什麼重要的素材，一整天坐立不安。」

就算現在他已經很富有了，無論是與朋友見面的輕鬆場合，或是出席教育論壇、重要的商業會議，他始終不曾放下手中的那枝筆；不管是看過的新聞或某人說的話，一天天如實地留下記錄，依然對他目前的工作有很大的幫助。

今天，大學同學們再也不敢看不起他了，反而還會羨慕起坐擁百億身價的同窗。暢銷書《先別急著吃棉花糖》的作者喬辛・迪・波沙達（Joachim de Posada）曾說：

「記錄主導行動。記錄一事需要動員視神經與運動肌肉，所以烙在腦海的印象也會更加強烈。」

扭轉你我人生的，終究是我們的雙手。現在的我，也會留心觀察來找我的人的態度，這裡面有貧窮的人，也有富裕的人，只要看看他們的態度，就能清楚一件事——同樣為了取得某種東西，成功者從心態開始就不一樣。他們會眨著雙眼、輕收下巴，態度積極地記錄聽到的東西，簡單來說，就像機敏的狐狸一樣拿走自己的那一份。就算當下不一定覺得適用，也會在日後反覆咀嚼，看準時機將這些記錄完全轉化成自己的運氣。

哪怕只是瑣碎、簡單的內容也無所謂。隨時充滿那股對成功的渴望，以及將命運導引至更好方向的意志，如同「記錄主導行動」這句話，仔細筆記的習慣讓有些人成為更高層次的富者。彌補運氣不足之處的記錄，將會是扭轉人生的一股引水。

如何靠第一桶金，錢滾錢

富人都深諳致富之道，但重點是守成的能力。或許，守成比開源來得更容易也說不定。不讓手裡的財富流走的祕訣，究竟是什麼呢？

大學時代，我在電視台擔任過實習生，就算不是主要的企劃或負責的製作人，只要踏進拍攝現場就可以見到好多藝人，其中有長年在演藝圈打滾、入手不動產成為房東的中年藝人，也有因為一部作品一砲而紅的新人演員。如果只是看著他們完美裝扮後的模樣，實在很難了解他們背後是什麼樣子，但有個可以一窺這些人私下舉動的機會：公司聚餐。

我那時只是二十出頭的大學實習生，有次剛結束跑得汗流浹背的綜藝節目拍攝，由於當天的工作格外辛苦，我還累得上氣不接下氣的。這時一位德高望重的演藝圈前輩靠向我。

「今天很累吧？辛苦了。」

難道是因為見到年輕的大學實習生在打雜，於心不忍嗎？前輩給了我完全沒有預料到的零用錢，而且數目還很可觀。「該不該收下？」我當時其實猶豫了很久，但又不知道如何拒絕長輩的贈與。當下我只把這當成前輩的鼓勵，隨後便繼續開心地投入拍攝工作。

後來，隨著時間流逝，我終於明白這位前輩能夠成功是有原因的。恰如對外的形象一樣，優秀的人品也發揮了一定的影響力。不過，他的錢包才是真正引起我注意的地方：在那個整齊且尺寸適中的錢包裡，裝滿了現金。我當然不是唯一一個接受過前輩善意的人，畢竟他總是很肯照顧年輕的工作人員，不是給零用錢，就是自掏腰包請大家吃飯。

＊

十年後，我遇過不少與那位演藝圈前輩相似的人物：被歲月打磨得光亮有型的黑色皮革錢包裡，總是整齊地擺滿按照面額排序的紙鈔，在這個號稱無現金的時代，「厚厚的錢包」聽起來真是難免突兀。

當然了，碰上需要大筆資金的時候，像是土地買賣或不動產交易、新生意簽約等，他們也會基於保險起見依賴電子支付，但是將固定額度的鈔票放在錢包裡、像帶著「信用良好」的護身符那樣，卻是數十年如一日，不曾改變的習慣。除了印有世宗大王與申師任堂的一萬元韓鈔與五萬元韓鈔外，自然也少不了印有退溪李滉的千元韓鈔。

「超級有錢人應該不太需要用到現金吧……」

起初我的確是這麼想的，這些人勢必都有隨行祕書或管家，無論去哪裡大概都沒有必要親自結帳，因此我實在想不通，他們為什麼非得隨身帶著裝滿紙鈔的錢包不可。

然而在我直接、間接接觸過真正的有錢人後，才明白原來「現金」有著超越單純金額換算的意義。有別於股票或比特幣等肉眼看不見的虛擬貨幣，紙鈔蘊藏的是可以實際看見、摸到，甚至維持感覺的經濟觀念價值。

其實富人隨身攜帶滿滿鈔票還有另一個目的：當他們想向代客泊車或是餐廳、髮廊的親切服務聊表謝意時，總不可能沒頭沒腦地要求別人提供銀行帳號吧？如果錢包裡有現金的話，就可以隨時拿錢出來表達感謝。雖然只要是宅心仁厚的人都能做到這種程度的報答與慷慨，但對富人而言，隨身攜帶現金也是種讓他們安心的做法。

你我身邊，經常能發現那些藉由觸摸與感受實際的金錢來保持「財富感覺」的富人。對於家大業大的人來說，這個舉動尤其引人矚目。

有間祖傳三代的知名麵包店。雖然只是一間開在小城市裡的店鋪，但靠著位置絕佳，銷售額天天都有破億韓元。這座小城甚至還託了麵包店的福，成為著名的觀光景點。後來老闆索性買下一棟建築物並整修成店面，每天都能吸引成千上百的人上門買麵包，生意好得連員工都沒有停下來休息的時間，而店裡每天開闔無數次的櫃檯收銀機中，擺滿了不停進進出出的紙鈔與硬幣。

然而，倒有個人每天都會如常地站在店門口緊盯這一幕，那就是麵包店的第一代老闆——創始人。據說直到幾年前，創始人都依然會在本店待上一整天，起初就連經常上門的附近居民也不曉得那是第一代老闆，直到麵包店的生意闖出一番名堂，大家才在地方報紙上見到他的相片。

那時我就懂了：「原來他在看金錢的流動。」創始人其實不是在盯著收銀機，而是在了解財富的流動狀況。

哪個地方都有具代表性的知名店家，有些餐飲業的規模甚至大得被稱作「地標」，像是水原獨占數層樓的大型排骨店，或是潭陽出名的元祖牛肉餅店；創下以億為銷售額單位的餐飲業大亨們，不約而同地全守著櫃檯。

這是擅長做生意的人、經商手腕高明者的共通點之一，換成「薪水只會與銀行帳戶擦身而過」的一般上班族，根本沒有機會實際摸一摸金錢：刷一下銀行應用程式的帳號，薪水就會轉進帳戶，然後靠著看裡面的數字減少來換算自己花了多少錢，所以對「財富」的概念通常僅止於會憑空消失的阿拉伯數字罷了。而無論是股票或近期流行的比特幣等投資方式，也全都是將這裡的數字移動到那裡，或是看著數字上上下下而已，換句話說，就是完全無法透過觸覺、重量、質感等去感受財富的流動。

所以，最常在現場觸碰現金的人，理當就能更迅速、精準地掌握財富的流動並洞悉商業的脈絡吧？唯有看得見、摸得著、感受得到金錢流通的人，才有辦法聰明地訓練自己對於財富的直覺。

舉個簡單的例子：你每個月都得繳房租，總是每個月固定轉帳七十萬韓元給房東，不料這天卻遇上了系統異常、銀行暫停網路交易。沒得選擇，你只好親自將七十萬韓元交到房東手上。明明是相同的金額，不知為何感覺就是不一樣。原本毫不起眼、用一根手指輕碰就消失的七十萬元，實際用手感覺到的重量與厚度卻是沉甸甸的七十張紙鈔。

同等價值的金錢，看得見與看不見的差異卻是如此之大。只顧著使用摸不著現金的電子交易，自然就會因為習慣了帳面上的數字，而輕易將金錢賦有的真正重量與價值拋諸腦後。

這正是為什麼富人想隨身攜帶厚厚的現金了。有錢人對財富往往抱持著最基本的恐懼——一旦失去對現金的感覺，自己就會在不知不覺間犯錯，或是面對捲入複雜情勢而造成重大損失的風險。因此，就算只是極小的金額，也偏好隨身攜帶，**一是不想失去對財富的感覺，二是為了想要成為真正的富人。**

雖不清楚外國的情況如何，但就韓國文化而言，通常會在送人錢包時事先放幾張紙鈔在裡面。這麼做意謂著祝福對方未來能夠發財，也就是財運變好的意思。如同「笑口常開福氣來」這句俗諺，隨身攜帶現金也能匯集運氣。就算不是多大的金額，幾張紙鈔也可以成為替自己招來大財的奇妙種子，富人們就是這樣一張一張地，將未來的財富喚到自己手上。

未來，屬於洞燭機先的人

推出新節目這件事本身就是一場賭博，除了高達數億的製作費，還關乎許多工作人員的生計。一翻兩瞪眼，不是大獲好評就是乏人問津。

看到收視率好，當然是很幸福的事，一來有獎金，二來還可以放獎勵假，但好處豈止於此？本事夠的話，甚至還能搭上公司內部的升職特快車。相反的話，顯然就是最糟的情況。只要新節目稍有不測，要承擔的風險可是會比獲得的好處高出一倍。

「麥克風測試過了嗎?!」

「各就各位！」

尤其是直播節目，基本上和身處叢林沒什麼兩樣，製作節目取悅觀眾的過程，無疑就是在搾取自己原本風平浪靜的精神狀態，能有多熱血、就能有多空虛。一想到自己一時的失手就會立刻演變成轉播的大紕漏，我連睡覺都覺得腦袋一片空白，頭昏目眩，更不用說對之後收拾不完的殘局與嚴厲喝斥的恐懼了。

明明是走在自己夢寐以求的道路上，為什麼過得如此艱辛呢？忽然覺得那些每天如常站在鏡頭前展露笑容的藝人們很偉大。

天天重複著宛如滾輪般的日子。散播歡樂的藝人與節目製作人間的關係，或許就像是為了共生的短暫同盟，但在某些時刻也會變成上對下的關係。不過，至少我依然可以在燈光熄滅前融入其中，與他們合而為一。

*

拍攝的中場休息時間，近期因著愈來愈熟練的搞笑功力而廣受觀眾喜愛的搞笑藝人C，看到我一臉凝重地坐在一旁，過來問我是不是有什麼煩惱。結束一些輕鬆的閒聊後，對方又問了我一次。

「您都不會覺得焦慮嗎？從來沒人可以保證這一切會怎麼發展，完全是場賭局耶？我聽說有些藝人甚至會在節目首播之前大失眠，還得一口氣吞幾顆安眠藥才睡得著。老實說，這個圈子就是這樣，連眼前即將發生的事都看不清了，又怎麼可能表現得若無其事呢？」

充滿自信的C對憂心忡忡的我提出了忠告：

「我才不焦慮。如果連我自己都沒有信心的話，還有誰會相信我？人一直遲疑著在信或不信之間焦慮不安，只會把原本順利發展的事也搞砸。」

她說得沒錯。C可是靠著過人的口才，在弱肉強食的演藝圈叢林活了超過十年的藝人，不管江山如何改朝換代，她依然有辦法在經歷各種曲折後，繼續掌握著高身價與高人氣。**引領她邁向成功的不是別的，正是信念。**坦白說，我當時聽了她的話還有些氣餒，原本以為她一定是靠著什麼了不起的祕訣，才能在這個圈子穩若泰山。

而現在的我倒是明白了她的話是什麼意思——在為無數人看過運勢後，我也終於領悟了類似的成功關鍵，那正是近來被濫用得太多，反而變得有些老掉牙的「信念」。所謂的成功人士，個個都覺得自己與眾不同，而他們將唯有自己才能百分百主導的信念坦然地交付給自己。

*

神奇的是，富豪們也懂得如何將這些信念轉化為行動，那就是「自我暗示」。靠著香氛蠟燭起家、身價數一數二的富豪企業家，分享過他親身經歷的、自我暗示的祕密：

「我什麼都不信，只信我自己。」

「只信自己？有可能嗎？不是只有嘴巴上說說，而是真的有什麼相信自己的特殊方法嗎？」

「其實沒什麼特別的。我每天早上都會像例行公事一樣做一件事，就是把自己期望成為的模樣說出口。就這樣。也就是邊說著自己想成為什麼樣的人，邊利用言語記住實際的願景，像是『我愈來愈接近能夠擁有一切的人了』、『我今天又朝著成功邁近一步了』之類的句子。」

「每天早上都這麼做後，有實際出現什麼改變嗎？」

「有。雖然看起來只是沒有任何意義的句子，但這些都是某種形式的暗示。起初我也是半信半疑。有人可能覺得沒有科學根據，但說出口這件事本身其實就有心理效果。當每天都在腦海中構思自己期望成為的模樣，並且像例行公事一樣重複唸出聲後，平常的行為和思考似乎也慢慢與對應的方向產生連結。總之，無論是工作或戀愛都變得很順利。」

他的話有一定的道理。像是「我可以成功」、「我可以成為有錢人」等句子，難免就淪為意義不明的話。乍看之下確實是充滿正能量的表達方式，但根本沒有任何實踐的方向。

可是，與這些句子相反的「愈來愈接近……」、「朝著……邁近一步」，其中蘊含的意義可就不同了，因為這樣的表達方式清晰地顯露出每天都能明確接近的方向。

不過，回頭仔細想想，的確有不少人都享用過「自我暗示」的碩果，前面提過在拍攝休息時間為我打氣的C也是其一。她雖然沒有每天例行性地對自己喊話，卻也有把自我暗示掛在嘴邊的習慣，一天之內會對無數個人說：「有什麼好擔心，一切都會好起來的！」而C本身也成了最先聽到這句話，並且將之銘記在心的人。

還有像是在國際比賽中勇奪金牌的運動明星：在里約奧運擊劍決賽面對九比十三的落後處境，韓國選手朴相泳邊覆誦著「我可以！」邊替自己施展了金色的咒語。當下聽見來自觀眾席的加油聲，也同樣喃喃自語著同一句話的他，終於在振作精神後，以十五比十四的分數寫下逆轉紀錄，將金牌掛到自己的脖子上。當態度與心態出現改變，瞬間便能扭轉結果。

好些白手起家的富豪，也有這種不停重複做的例行公事，有人會將自己猶如座右銘的信念放在錢包裡隨身攜帶，方便隨時拿出來讀一讀；有人則是會在每晚睡前呢喃自己一年後的模樣，可能是堅定目標的一句話，也可能是期望成為的樣子，或是烙印在心裡的某個景象。總之，對於財富與成功的渴望都是殊途同歸。**渴望再怎麼強烈，只是放在心裡也沒用，必須靠哪怕只有自己聽得見**

的聲音或寫成文字，將這股渴望拽出身體之外才行，如此一來，身體才會沿著這個方向前行。

在世俗只願相信肉眼所見的時代，諸如此類的自我暗示法一度被我視作玩笑話。然而，自從踏入肉眼看不見的運氣世界後，我也開始懂得尊重每個人秉持的信念。

當你誠懇地相信某件事時，自然就會將他人的信念看成無稽之談；同樣地，也就代表著你的信念在對方眼中可能是無稽之談。

我也曾經懷疑過「堅信」是不是真實存在，而現在終於明白——這種百分百的信念確實存在，而且還會帶來超乎想像的成就。**另一個事實是：如果一個人不懂得如何重視自己，世上沒有任何運氣會找上你，遑論財富了。**

富者們的藏私祈禱法：「子時祈禱」

「有什麼招來好運的方法嗎？」

這是在我替人看運勢時被問過無數次的問題。這種時候，我都會不假思索地建議同一件事——子時祈禱。接著，大多數的反應都是：

「子時是什麼？但我沒有宗教信仰耶……」

而我會簡單地告知他們一些注意事項。

「無所謂。重要的是相信自己會成功的心態。至於祈禱的重點，一定都是關於自己。」

所謂「子時」，指的是夜晚十一點至凌晨一點的時段。古人會使用十二種動物指稱十二個時辰，以兩小時為一段，將二十四小時分為子、丑、寅、卯、辰、巳、午、未、申、酉、戌、亥等十二支。這也與十二種動物的活動時間有關，而「子時」即是其中代表一天開始與最先出現的時辰。像是丑時或卯時都是現在不太常說的時辰，但我們依然會稱呼午時對應的上午十一點至下午一點之中的十二點為「正午」，所以子時對應的夜晚十一點至凌晨一點之間的十二點則稱作「午夜」。

既然如此，「子時祈禱」又該怎麼做呢？首先，不需要任何對象或形式。建議在子時祈禱的原因，在於強化運氣。以現代人的生活模式來看，基本上就是夜晚；差不多是結束一天的行程，準備睡覺的時刻。

不過，子時在十二支中意謂著跨越到隔天的時段，也就是結束今天、開始明天的時間，正是可以靜下心來、沉穩投入的時段。在專注力最好的時間進行祈禱，效果自然迅速又確實。

*

一般來說，祈禱沒有主詞，大多是以呼喚上帝、菩薩等個人期望傾聽的對象為主。可是，子時祈禱是對自己的祈禱，所以必須釐清主體的身分。有宗教信仰的人，也可以呼喚自己平常信仰的對象。子時祈禱的重點在於，必須專注在祈禱的主體，也就是自己身上，而非傾聽你祈禱的對象。畢竟，最終實現祈禱的將不是神明，而是衷心盼望的自己。這是基於自己想要成功的心態才油然而生的特殊行為。

方法很簡單。首先說出自己的名字：「我是〇〇〇」，接著具體描述自己身處的境況，並明確說明祈願的目標。重要的是，一定要發出聲音。

「為什麼非得發出聲音不可？」

「不能直接寫在日記本上就好嗎？」

半信半疑的人比想像中來得多。不過，親身體驗過祈禱效果的我也都會堅定地答道：

「對，大家通常會寫在日記本裡。但是這麼做，想要掩藏與隱瞞的事就會變得愈來愈多。寫字實際上是跟不上思考速度的，透過文字修飾自己浮現的念頭，反而會省略掉不少部分。相反地，透過嘴巴出聲祈禱，才能完全坦露自己的真實心意，也才可以確實了解自己的處境。」

「說出姓名也是同樣的道理嗎？」

「沒錯。人在再次確認自己身分的瞬間，心態也會變得不一樣。這是在正確認知自己身分後，才為自身處境和願望施行的祈禱，之後才能清楚按照祈禱的內容去行動。」

「啊……原來是為了我自己的祈禱。」

「可以這麼說。」

我想再多加幾項建議。首先，一定要把情況與目的清楚說出來，避免像是中樂透、一夜暴富、變暴發戶之類的內容。唯有近期可能發生的具體、實際的事，祈禱才會成立。

每天一到子時，就可以平靜的心情在睡前祈禱，然後於六個月後將祈禱如實寫下。透過寫成文字的過程，確認情況是否有逆轉、祈禱是否實現等。

有些人會繼續問：

「為什麼不在一開始就寫成文字，而是要等到六個月後？」

「這是為了檢查祈禱內容是否實現。將六個月以來聽著自己聲音敘述的情況與願望，一字不漏地寫在筆記本上，然後再在下方記錄是否出現任何細微的變化。現在情況變得如何了？願望有實現嗎？假如事情沒有解決，就繼續祈禱，等六個月後再次確認。不是籠統地描述當下的困境或問題，而是為了承諾與規劃下一步的藍圖。實施祈禱的主體是自己，聆聽祈禱的人也是自己。」

*

上班族K在職場上的處境艱難。他再也承受不住公司要求的超載業務量，便在子時祈禱坦白自己的難處後，許下期望生活出現改變的願望——賜給自己可以自然脫離既有團隊的驛馬運，或是適合換工作的文昌運。

六個月後，K打開筆記本，寫下每天覆誦的祈禱內容，又在底下針對情況與願望一一記錄祈禱的結果。神奇的是，持續施行子時祈禱之後，原本讓他深感困擾的日常業務量真的出現了變化。

K本來每天都過著超過法定正常工時八小時的生活。祈禱之後，他發現不合理的業務量正是最大的問題，於是也開始在潛意識間做了一些小調整。他先是計算自己的每月工時，向上司報告了超時工作的事，也一併坦承靠他一個人根本處理不了既有的業務量。忽然間，情況改變了，上司決定調配業務，要求其他職員一起分擔K的工作。光是這樣就足夠讓K稍微喘口氣了。

同時也在等待轉職機會的K，當然沒有疏於自我增值。時不時抽空學習的英語，現在也達到了一定水準，只要下定決心，隨時都能找到新工作。不過因為公司在得知情況後，直接替他減少了一半的業務量，K決定繼續留在有較多機會發揮英語實力的現在公司。

假如連當下的處境都搞不清楚，只顧著發脾氣的話，結果又會如何呢？是不是就會對不幸的處境感到無比悲觀，卻又得帶著不得已的心情繼續職場生活呢？

無論對K或對公司而言，這種結局都很不幸。其實只要能認清現實，生活就會出現翻天覆地的變化；財富亦然。

*

L是薪水已經好幾年沒調漲過的上班族，儘管每個月二十五號都能準時領到薪水，但銀行帳戶的餘額總是負數。於是她開始擔心自己這輩子究竟有沒有辦法買得起一間房子。隨著貸款利率與物價的飆漲，毫無動靜的薪水實際上也等同於減薪。在「除了薪水之外統統都漲」的社會，不僅所得原地踏步，連用來投資的錢也因為股市蕭條被套牢了。L開始自暴自棄，覺得自己永遠不可能有錢了。

不過聽完我的話以後，她想反正也沒什麼能再失去了，決定開始執行子時祈禱。每晚一到子時，她便雙手合十，具體地許願希望自己能夠賺到比現在更多的錢。

她在六個月前是這麼祈禱的：

祈願人：「我的名字是〇〇〇。」

情況：「物價一直漲，但我的薪水完全沒有變。我很擔心自己存不了錢。」

願望：「請讓我找到一份時間不拘的副業。」

六個月後，她在筆記本上寫下祈禱內容與實際的變化。

祈願人：「我的名字是〇〇〇。」

情況：「物價一直漲，但我的薪水完全沒有變。我很擔心自己存不了錢。」

↓了解公司平均年薪調漲比例後，專注於提升實際業績。下半年業績達標，得到了激勵獎金。

願望：「請讓我找到一份時間不拘的副業。」

↓開了一個線上賣場經營團購。靠著薄利多銷，有了薪水之外的收入。

平凡的上班族L透過祈禱領悟了一件事——賺錢的唯一方法就是增加收入或減少支出。首先，必須了解自己任職的公司在哪些情況下會為替員工調漲薪水。既然很難對將來抱持太大的期望，乾脆投入更多努力與時間來提升業績。儘管金額不是太多，但下半年的業績不俗，也讓她順利獲得了獎金。由於是筆意外的收入，她一塊錢也沒花就直接存起來了。

L開始思考在薪水之外創造其他收入的辦法。按照自己許下的願望，絞盡腦汁想著究竟可以在下班後做點什麼。L有習慣在部落格上記錄生活日常，發現造訪自己網站的人以年輕女性居多，大家尤其喜歡看L正在使用的面膜或保養品、化妝品品牌等文章。L靈機一動——

「對啊，乾脆來開間線上賣場好了。」

於是她開始在部落格介紹本身覺得好用的保養品與化妝品，並藉著開團購賺一點薄利。剛開始當然賺不了什麼大錢，但能夠創造正職以外的收入，倒也讓她獲得很大的成就感與自信。

*

明確掌握自身境況的祈禱，就像這樣為生活帶來大變化！L在親身體驗過子時祈禱的效果後，又過了好一陣子才向我道謝。如今她每晚都不會忘記做子時祈禱，已經養成了自然而然的習慣。確認過一次效果，就會更具體地為自己祈禱。

只要想著「這不是已經過去的昨天，而是即將展開的今天」，整個人的精神也會變得豁然開朗。以清晰的聲音報出自己的姓名、仔細描述所處的境況，接著發自真心地坦白願望。每天持續祈禱，並且等待六個月。時間一到，便可以將祈禱內容寫下來，同時也希望自己的誠懇祈禱能像魔法般實現。

無論面對任何問題都該正確認知到實際情況。就這個意義而言，子時祈禱並不是上天替你我實現了什麼，而是我們靠自己找到了解答。

發大財的物象練習

這裡有一位獨力創業致富的企業家。創業初期並不順利，她手上的健康果汁生意很快就變得危機重重，因為擁有相似概念的其他品牌如雨後春筍般出現，競爭變得白熱化，利潤也有下滑的趨勢。

開始走下坡的生意讓她憂心忡忡，因為不知道還能怎麼辦，她三不五時就跑去算命。

某天，她決定暫時退出管理階層，一方面是想仔細思考未來該怎麼走，一方面則是需要一段時間擺脫失敗的挫折感。為了分析各間加盟店業績為何下降，她說常常晚上都睡不著覺，生活一直相當痛苦。後來，她就這樣消失了一陣子。

大約過了半年，她整個人都變了，原本掛著黑眼圈的雙眼忽然充滿了鬥志，一直暗沉的雙頰也散發粉嫩的光彩，我可以百分百確定：

「她靠自己擺脫過去的壞運氣了！」

正想提問，好久不見的她倒是先開口了。

「最近開始新工作了，店面也正在裝修。」

「您重新開始做生意啦？太好了，之前聽您說暫時不想碰這一塊……」

「不，倒不是因為生意，是我在做『成功的練習』，而且是每天做。」

這正是她神清氣爽的原因。她接下來說的故事也相當有趣。

健康果汁生意慘遭滑鐵盧之後，她好一陣子都深陷在憂鬱中，滿腦子只想著「不管我做什麼都會失敗吧」。然而她從來就不肯輕易認輸，決定趕在自己被這種昏天暗地的情緒蠶食之前，起身前往住處附近的健身房。

她開始生平第一次的規律運動。起初，連要舉起兩公斤的啞鈴都很難，可是當肌肉量練出來，她逐漸感覺這樣的重量相當輕鬆，後來甚至輕而易舉就能拎起十公斤的啞鈴。儘管身體累得要死，但完成的快感卻更令人振奮，而在體驗過按部就班取得成功的感覺後，她決心重返商場。

全面改造店面，好與其他品牌做出區別；配合年輕客層的口味，推出熱帶水果的綜合產品，這位企業家就這樣藉著每天運動體驗到的小成功，虎視眈眈著更大的成功。

*

當然也有完全相反的情況。有次，某位任職於大企業的次長特地找上門尋求建議，他難掩焦慮地說，自己屢屢升遷失敗，卻又老是得負責新企劃案，感到前途無「亮」，加上子女升上高年級，補習費用有增無減，他很害怕自己是不是一直在原地踏步。即使當不上高階主管，至少也要升上部長才能稍微放心；這樣的話，加上基本調薪與績效獎金後，薪資大約可以調漲百分之九。

其實，他這幾年的運勢確實在往下，不過只要咬牙撐過今年，就能脫離水深火熱、邁向更好的未來。於是我坦白說出自己的建議。

「馬上就會轉運了。」

「嗯？」

「所以您務必要抓緊眼前的任何機會，每件事都要全力以赴才行。只要從現在開始慢慢準備，很快就能走上康莊大道了。」

「我……我做得到嗎？」

「當然。有好消息的話，記得告訴我喔！」

男子顫抖著，隨後便一臉憂愁地回家了。

不知不覺過了一年，我收到這位次長的聯繫，他的聲音意外地平靜。

得知他的故事後，我不禁有些遺憾。當他聽到自己就要轉運了，反而是擔憂大於興奮。因為未曾實際嘗過成功的滋味，他只是一直懷疑自己能否做到。

他也確實沒什麼上進心。除了在規定的上班時間遲到，為工作投入的心力也是和其他人一樣點到即止，然後每天重複著看人臉色、隨時準備下班的生活。從基層人員升上次長，實際上並不需要多了不起的努力，年資到就可以了。換句話說，這不是靠著他一步一腳印踏上的成功之路，只是安分守己地保住了自己原本的位置。

而他的恐懼很快便成了現實：未曾靠著自己雙手拚回成功的男人，輸掉了新的企劃案，升遷機會當然也離他遠去。

我這時才明白，原來成功也需要體驗過。他明明正在走運，但無論運氣再好，不懂得掌握就是一場空。有些人不懂抓住了好運，還把它據為己有，甚至變得愈來愈強；相反，有些人卻錯過了一切，或是反而被運氣給壓垮了。

掌握運氣的力量從何而來？就像前面透過運動、靠自己擺脫壞運氣的企業家，從小處慢慢累積成功的動力、培養成功的力量。儘管偉大的成功猶如遙遠的星辰般，是伸手無法觸及的未知世界，但小小的成功是只要付出努力就能品嘗到的無限大世界。

其實，我們每天都在體驗成功：聽見一大早響起的第一個鬧鐘聲而睜開雙眼是一種成功；準時進公司是一種成功；確實完成當天被指派的工作也是一種成功。我們在每天重複無數次的成功之中，逐步前行著。

所以就算只是瑣事也無妨，就算不會帶來偉大的成果也不要緊，無論是每晚持續讀一讀經濟新聞，或是每個月減重一公斤、週末時為家人烤幾塊美味的餅乾都好，重點在於一點一滴持續體驗成功的滋味，同時好好稱讚自己，自然就會在不知不覺間萌生自信。

「不是運氣招來成功，而是成功招來運氣。」

富豪比你想像得還要勤奮。在平凡人不肯為了致富做出任何嘗試的此刻，他們仍馬不停蹄地在累積或大或小的成功，只為成為更高層次的富者。

氣場強就有利於成功嗎？

大家一定都想過這些成功人士絕非常人，有辦法咬著牙成為超級富豪，勢必有什麼過人之處；說法殊途同歸——

「他們都是世上的狠人。」

「就算拿針戳他們也不會流一滴血吧。」

富豪總是被描述成充滿幹勁，且無一不是性格孤僻、脾氣暴躁；甚至還有人說過「心智像豆腐一樣軟弱的人永遠不可能致富」。

不過，這套法則也適用於運氣的世界嗎？至少在我熟悉的世界裡接觸過的富豪，其「氣場」都來自完全不同層次的內功。

＊

A在韓國歌壇的地位舉足輕重，十多歲便出道，順利成為家喻戶曉的偶像歌手，橫掃國內指標性的音樂節目獎項不說，甚至在電視台的年終頒獎典禮上獲頒最大獎。即使爆出過幾次戀愛緋聞，因著強大的實力與魅力，依然在演藝圈穩占一席之地。

不羈的形象非但不是減分，還變成A有利的武器，歌迷們猶如野火般熾熱的厚愛索性將他塑造成壞男孩，任何流言都擊不垮那堵堅固的城牆。與生俱來的親和力替他織起了蜘蛛網似的廣闊人脈，利用空閒時間開創的個人事業也相當順利。他用賺來的數百億購入高級住商混合公寓，人氣一刻也不見退燒……確實是無人不稱羨的人生勝利組，甚至有種君臨天下的氣勢。

他總是靠著獨到的魅力使人折服，舉手投足間的泰然自若，讓不少人甘願跟隨。但時間一久，這些優點竟開始讓他失去原有的光芒。

不久後出事了：無法挽回的錯誤、輿論譁然，最後甚至得退出演藝圈；過去的獨家代言隨即斷絕合作，連正在播映的節目也決定讓他中途退場，自然變成演藝圈相關人士口中的話題。

「演藝生涯玩完了。」

「有生之年居然能看到他完蛋的一天。」

我與他有過一面之緣，一方面有些擔心，另一方面又想著「萬一他真的像大家說的那樣做錯了決定，怎麼辦？」直到過了一陣子後，好不容易才又聽到關於A的消息。足不出戶，是不是瘦得不成人形了？是不是哭著淡出演藝圈了？然而，顯然是我多慮了。

誰會想到他一直都待在家裡認真學習外文。學英文？完全出乎意料的發展，這種人的心智果然和普通人不一樣。

事件一爆發，他的第一個念頭竟然是「進軍海外」，最後終於決定出國，準備開啟自己的第二人生。換作是一般人，早就因為演藝生涯報銷而身心崩潰了吧？能立刻想到自己得準備過上另一種截然不同的生活，並始終維持著平常心，不得不說A確實令人肅然起敬。

＊

至於B的情況就完全不一樣了。靠著全國矚目的演歌選秀比賽成功出道的明日之星，坦白說，就製作人的角度來看，他給人的第一印象是所有參賽者中最糟的：不要不緊的態度，實在不太討喜。一般來說，為了在電視台前輩們心中留下好印象，參加選秀節目的參賽者都會盡可能表現得有禮、謹言慎行；再加上畢竟得拿下冠軍才有機會出道，成為歌手，大家難免都會非常緊張，上場前合掌祈禱，彷彿是要賭上性命來宣誓決心般的參賽者，所在多有。

B呢，喜歡和工作人員開玩笑，在舞台上也沒有一絲緊張感，平穩得讓人懷疑他真是個新人。

「這個人也太傲慢了」是我對B的第一印象，然而很快就發現這判斷下得太倉促。儘管一開始不被看好，卻能絲毫不受影響地站上舞台表演；比賽愈到尾聲，他愈是發揮驚人的平常心。不知道是不是因為緊張到了極點？連那些原本表現得很好的參賽者，也開始接連出現從未發生過的失誤，沒能好好發揮實力便黯然下台。

只有B持續保持穩定，即便到了最後一輪比賽，也不見任何情緒過激，最後挾著這股氣勢遙遙領先，一舉奪下冠軍。我這才明白，原來他不是傲慢，而是從容。觀眾緣滿分，他現在無論開價多少都有人願意買單。

*

人們常說，成功的人都擁有強大的氣場，這句話對了一半，也錯了一半。

倘若具備的僅是盲目的氣勢，終究承擔不了王位的重量。話雖如此，也不要誤以為自我主張強烈或具攻擊性的態度就等於「氣場強」。這類人反而層次比較低，在他們對外來刺激做出反應的瞬間，很有可能就會被對方看透，反而被狠狠教訓一番。

由此看來，A和B都屬於氣場強的人。面對任何外來刺激也絲毫不動搖的平常心，確實為他們同時收穫了耀眼的財富與人氣。A錯在濫用平常心，B卻展現善用平常心的智慧；體現的方式不同，將兩人帶往了不同的命運。

其實，真正氣場強的人是很平和的，就像迪士尼裡受歡迎的人物一樣，立場明確的主見、做任何事都充滿自信，從來不會敏感地武裝自己或刻意裝作強勢，不必伸出利爪，隨時隨地都能獲得他人的肯定，所以無論做什麼事，自然能得到相應的結果。

在富人當中，氣場強的人並不多。好運究竟是緊跟不放或逃跑，完全取決於一個人如何運用這股過人的氣勢。

哪些特質的人會做什麼都不順

忙碌的現代人，一出生就背負著「正能量的壓力」：要「常存感恩的心」、「幸福就在你我身邊」……形形色色的壓力。

有時我們確實需要這種心態。但這往往只是讓人暫時忘記面前困境的障眼法，並不能真正解決問題；不過是顆哄人相信「事實並非如此」的糖衣毒藥。在財富與成功的領域，諸如此類的謊言根本行不通；遺憾的是，謀生攸關存活，不可能光靠包裝就蒙混過關。

*

誘墨得面對痛苦的現實。某天，睜開眼才發現自己出生在貧寒的家庭，母親聽障、聽不見任何聲音，父親則靠著洗衣店的工作勉強維持生計。她的未來看不到什麼光明。雖然家境困苦，但誘墨的成績倒是很好。

不知不覺來到準備考大學的年紀。不幸的是，在誘墨體驗到真正的愛情之前，先嘗到了被戀人出賣的滋味。她的世界塌了下來，當然也沒考上理想中的明星大學。她待在補習班積極準備重考，卻依然失利。最後，誘墨決定自欺欺人、假裝自己是大學生，甚至靠著虛假的學經歷成為大學教授，並與事業有成的企業家結婚。隨著令人窒息的謊言一個蓋過一個，誘墨的不幸也如雪球般愈滾愈大。

這不是實際的人物，而是近期引發討論的電視劇《安娜》的劇情。就算不看最後一集，大家也能輕易預料到謊言將招致的結局。只是，誘墨又該怎麼安排她的人生？就算生活在悲慘裡，依然得癡癡地疾呼正能量、吶喊著「我是個幸福的人」、「我是個懂得感激的人」嗎？人生要是這麼簡單就好了。單憑正確的觀念，並無法改善任何事。

這種時候，只適合一句話。

「與其正面，不如實際。」

雖然嚇人，但面對現實才是明智的抉擇。這樣想吧，就算難受得要死，面對現實後擺脫它，怎麼說也比永遠生活在被正能量隱藏的痛苦之中更好吧？

假如肯認清「我的家境不好，必須靠自己振作起來才行」的現實，認真堅持重考第三次的話，扭曲的誘墨或許就能遇見真實的幸運，而不是從此活在捏造的不幸人生裡。

處理憤怒也是如此。當對方已經犯下大錯，無止境地原諒、饒恕並不是一種美德。交流不通順，直接面對與處理才是上策，既有助盡速解決問題，也不會留下後患。

職場上亦然。團體生活中，人們大多也都在被迫展現正能量的壓力下工作，就算心裡累得只想立刻寫辭呈，表面上卻依然得露出和靄的笑容，並保持良好的口氣與態度。可能因此得到「好人」的評價，卻忽略了自己真實內心的日漸腐爛。換句話說，最終受害的只有自己。

*

在最惡劣的境況，不需要正能量。想方設法盡快改變現實才更重要。坦白說，其實沒什麼強調正能量的富人，至少我迄今認識的沒有，不過這也不表示他們就刻意抱持負面的態度。

他們只是對金錢的態度出奇地實際，並且過著獨善其身的生活。那種只想到自己的，徹底的自私。

從這個角度來說，《安娜》中的誘惑確實不夠實際，即使意識到自己本質上就無法成為安娜的現實，她依然灌自己喝下「我是有錢人家女兒」的迷湯，每當遇上危急情況，便搬出一個又一個的謊言來逃避。她不是打從一開始就決定這麼做，而是逐漸地回不了頭。錯就錯在誘墨一直讓自己活在不實際裡。

「我再也不相信什麼幸運了，而是要等一個機會。」

這是誘墨在電視劇一開始時的台詞。她始終認為自己是幸運在茫茫人海中唯一遺忘了的那個，但其實誘墨自己才是最先對幸運視而不見的人。她有過無數次挽回人生的機會，就算重考三次也非得拿到大學文憑不可，然後至少找份工作改變自己的未來。只要認清自己的處境，稍微有點肯嘗試解決問題的判斷能力，她的人生或許就會變得截然不同。**與其正面，不如實際，並且將自己擺到第一順位。**這些是電視劇《安娜》教給我們的慘痛教訓。

總有些人是只做完準備就當作結束了，從來不會將它化作實際的行動；擔心了一大堆無謂的事後，就在準備之中又浪費了一天，無論準備考試或就業都是如此。若想成功就得行動，想東想西根本成不了大事。這類人時常只想扮演某種蘊藏無限潛力的角色：

「因為我是完美主義者啊……」

「我想在完全準備好後再表現出來。」

沒有任何運氣會乖乖等到你能夠表現得完美無缺的那一刻。過分追求「沒有最好，只有更好」的心態，反而會毀了自己的運氣。如果想要致富，至少有一件事是肯定的——成為腳踏實地的勇者，而不是積極正面的怯者。

讓財運變好的日常習慣

家，是一個人待最久的地方，因此也是招來好運的重要基地。既然在世間萬物運行中，存在著這股名為「氣」的能量，家裡的物品自然也與財運息息相關。

最具代表性的，就是隨身攜帶的物品。由於這些物品會一直跟在自己身邊，自然會對人的運氣造成很大影響。將千元大鈔捲起來放進錢包隨身攜帶把財守好。金湯匙則是顏色影響運勢的代表物品。自古以來，金色就是財運與健康、長壽的象徵，不妨將象徵口福的湯匙稍作更換，也能招來福氣。

諸如此類的招財習慣，大多都與風水學相關，以下介紹幾個讓財運變好的日常習慣，了解背後的原理，大部分都是可以輕鬆完成的。

1 種在屋內的植物，建議以低矮的植物為佳。
2 不要在冰箱上貼磁鐵。
3 將五張大鈔捲起來，放在錢包裡隨身攜帶。
4 使用金色的湯匙。
5 關上廁所的門。
6 在客廳擺放黃色的物品。
7 隨時保持玄關處的整潔。
8 床頭靠窗睡覺。
9 於浴室擺放小盆栽。
10 不要將淋濕的傘放在屋內。

第四章

探索的心理

永遠從自己內在
發掘答案的富豪

THE PSYCHOLOGY OF LUCK

按照天性生活吧

「老師，我實在不知道怎麼做才能賺錢。」

生意老是失敗的企業家S為難地開口。原本任職於知名金融公司，他剛卸下二十年的高階主管職務，邁入退休生活。雖然是因為公司的內部因素而被調整職務，但他寧願選擇自立門戶，也不想被調去當無所事事的冗員。

因為S平常就是個運動愛好者，一離開公司便投入健康管理應用程式的研發，作為他的創業項目。然而不停地投入資金卻看不到回報，他毅然決定中止、改開健身中心，沒想到還是失敗了，非但花光了退休金與多年來的積蓄，兩次的創業敗北還讓他虧了不少錢。隨著財務愈來愈困難，家庭也開始出現裂痕。

「首先，您必須知道自己的能量。」

「嗯？什麼意思？」

心灰意冷的S眨了眨眼，反問道。

「每個人身上帶的能量都不一樣。只要了解這點，就知道自己該怎麼做才能賺錢。您聽過『個人色彩』（Personal Color）吧？就算同樣是韓國人，每個人的皮膚色調也不一樣，所以根據不同體型、長相，適合的顏色自然不同。因為每個人都有自己獨有的色調。最近也有不少專門替人找出個人色彩的顧問，只要稍微將平常穿的衣服或妝容改變成適合的個人色彩，整個人看起來就會不同。我所說的『能量』基本上就類似個人色彩——對照色調表、找出適合自己的顏色，也能找出自己身上帶著哪種能量。不知道這件事的話，難免會處處碰壁。」

我認識的富豪大多都很注重命理學，除了遍尋教得好的老師，自己也很認真學習。每次見到這樣的人，我都不禁好奇：「他們到底還想成為多頂層的富豪，才學得那麼認真？」

仔細想想，大概就能知道原因。命理學是門觀察運氣的學問，目的是分析、利用流向自己的特定運氣，並搶先一步占據它。就像我告訴S必須了解何謂「能量」一樣，富人早已覺察與運用著這些技巧了。我也告訴S：

「那些有辦法賺大錢，而且用錢滾錢的人，大多非常了解自己，清楚自己擅長與不擅長什麼。他們不僅都對五行有基本的認識，也經常把這些概念應用在生活之中；這些人就是靠這樣致富的。」

「五行？」

「對。簡單來說，您可以把它想成是構成這個世界的五種能量。這不是什麼艱難的概念，而是像四季轉變一樣自然的事。大自然基本上是由金、木、水、火、土等五種能量組成。人也是一樣。就像日落月升、月滿則虧，一切都

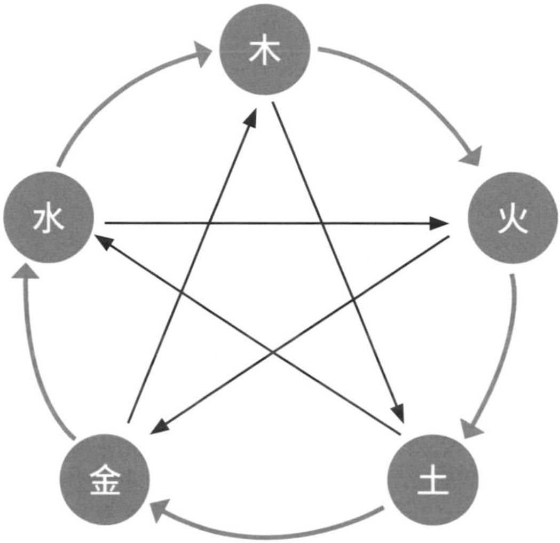

是一個循環。既然人也是大自然的一部分，當然就會依循這個循環模式。運氣同樣如此。」

「是流轉的意思嗎？」

「是。舉例來說，樹木要燃燒才有用處吧？木頭燒完後，剩下的灰燼會變成土壤；土壤累積到一定程度會變成堅固的石頭；當強勁的水流經過岩石間的縫隙時，水份滋潤土地，而樹木也會變得更加茁壯。所以說，流轉是件對彼此都有幫助的事。只要知道在這樣的能量循環之中，自己是在什麼位置，又帶著哪種能量，自然能把一切都變成財富。」

「原來如此。只要知道自己帶著哪種能量，大概就可以知道自己該如何順應這樣的循環、如何生活囉？」

「沒錯。試著想像一下大自然的樣貌就可以馬上明白了。樹木會朝著土地深處往下扎根，然後不停朝著天空的方向往上成長；所以帶著『木』能量的人，大多有著自己總有一天將開花結果的遠大理想，也比較喜歡從事與創意有關的工作。至於『火』這種能量，就像火給人的形象一樣，通常不會太排斥成為大眾的關注或焦點；所以帶著火能量的人，很容易就在演藝界或體育界展露頭角。我們都知道土壤是孕育生命的根基，就像遼闊的大地一樣也給予人平靜、包容；所以帶著『土』能量的人就很適合需要毅力的工作。怎麼樣？應該不用再說得更詳細了吧？金屬的感覺會是什麼呢？」

「嗯……金屬冰冷、堅固，而且真金不怕火煉？」

「對，您說的相當正確。『金』能量強的人，就像經過磨練的刀或寶石那樣，兼具理想與實際；換句話說，就是擁有冷靜、謹慎的特質。因此，金能量強的人，大多擅長從事精密的作業。最後一個『水』又是如何呢？水的特性是由上往下流，而且和任何東西都能融合得很好吧？所以帶著『水』能量的人非常樂於吸收來自外部的一切，同時也願意接受各種學習與挑戰；適合需要用腦的工作。」

接著，我又借用幾位自己認識的人的故事為例，為S深入說明。

*

演藝從業人員A爽朗、熱情，性格活潑又直率，總能迅速炒熱現場氣氛，非常懂得如何在短時間內讓所有人都「High」起來。

「我從小就很享受站在眾人面前，就算不是第一個提議要去唱歌的人，但只要拿到麥克風就絕對不會放手；大概是從那個時候開始吧，我就知道自己會上電視。」

凝視著鏡頭，流露笑意的雙眼中滿是自信。出道之初，她身上就有許多與眾不同的特質；或許是見微知著吧？坦白說，即使沒有特別出眾或搶眼的外貌，但渾身上下散發著的魅力確實讓她順利踏入了演藝圈，對於抓著麥克風站在無數觀眾面前進行專業的主持，她也絲毫不畏懼。她甚至從一開始就被看好成為電視台的新一代主播，因此引起不少關注。只是，隨著時間過去，A不知為何開始強烈地意識到，這不是她想走的路──

燙出直線的套裝，搭配千篇一律的髮型與聲調，以及完全不符合個性的教育節目……儘管在螢幕上露出端莊無比的微笑，心裡卻覺得像是穿著別人衣服那樣，既不自在又煩厭。而且不只是她自己感覺到了，高層們也聽到愈來愈多觀眾提出像是「表情僵硬」、「不專心」之類的批評。

A下定了決心。從不拖泥帶水的性格讓她當機立斷、遞出辭呈，態度果決得驚人。

「我並不想放下麥克風，那應該做什麼才好呢？」

她想要繼續像現在這樣，對著大眾暢所欲言。又當了一年半載的主播後，她轉戰購物台，顯然是個能展現她活潑、愛笑的性格並充分發揮才能的場所。果不其然。就算在介紹美食時爆笑得噴出食物，頭髮綁得亂七八糟，她依然有辦法用獨有的幽默感與臨場反應化解；靠著這樣的脫線美、自然美，她反而贏得觀眾的好感與信賴，而這些也如實反映在收視率與銷售上。

轉換跑道不久便成功吸引觀眾的注意力，她現在甚至被稱為電視購物界的「完售女王」，躍身業界的藍籌股。據說，靠著上億年薪賺到可觀的收入後，她就搬進了象徵「財富」的某住商混合豪宅。

年銷售額數千億、每小時賣出數億、次次完售神話……A之所以能冠上諸如此類的華麗形容詞，祕訣就在前文提過的「能量」。愈快察覺自己的能量，愈能成功掌握所謂的「神來一筆」。

*

根據五行，A是帶著「火」能量的人，散發著如太陽般熱情的能量。主播身分讓她必須按照腳本演出，無疑是壓抑了這股氣焰，而A也確實不太適合這樣的環境。當A踏入能充分發揮自身能量、進而取得好成績的環境，也就是主動找上電視購物這個領域後，便果斷轉換了跑道。A現在或許依然不知道自己的五行屬性，但可以肯定的是，展露自己像太陽一樣照亮世界的本性，確實成為她創造財富的神奇種子。

無論是主動還是被動地得知自己的能量屬性，都是一件幸運的事。畢竟，多數人都活在對自己能量屬性茫然未覺的世界。

既然如此，勢必就會有人好奇——對五行一竅不通的人該怎麼辨？普通人有什麼方法可以找到自己的能量？

當然有。那就是觀察一下自己與生俱來的「血脈」。只要稍微看看一個人的家庭環境就能大致猜出：藝術世家通常會出現藝術家，體育世家也會出現運動員。

「血緣騙不了人」、「虎父無犬子」、「一脈相傳」，這些描述大家都耳熟能詳，而這通常只會出現兩種結果：百分百繼承家風，或是經常接觸到某家庭成員的特定能量。

大部分都能在父母身上找到端倪。只要百分百按照提供支援的家庭環境，加上當事者本人付出一點努力，基本上都能培養出前所未有的天才。可惜的是，同時具備天賦能量與父母靠山、自身努力等三大要素的人極為罕見。

當然這也可以被負面解讀：太虛無縹緲了、彷彿專屬於家境好的人。要了解，哪怕手中的財富再多，一旦不清楚自身的能量，又只顧著朝莫名其妙的方向努力，終究還是得面對屢戰屢敗的不幸。

＊

B生在醫師世家，是家裡的么子，如同預期般踏上菁英之路。父親是知名大學附屬醫院的骨科醫師，大哥同樣跟隨父親的腳步成為醫師。

然而，B真正感興趣的卻是其他東西。從小就很會歌唱，自學成材，連吉他都彈得很好，怎麼看應該都是遺傳到擅長樂器的外公。

看起來對音樂最有興趣的B，開始想一圓藝人夢。高中時瞞著家人參加了大型經紀公司的選秀活動，順利通過第一輪選拔，結果在第二輪選拔前夕被父母發現了。好好的醫師不當，竟然想進演藝圈？整個家族都氣得暴跳如雷。

站在十字路口，B只能做出選擇：要按照父母的意思就讀醫學系，還是堅持一圓歌手的夢想？他從小到大不曾違逆過父母親，學業成績也與家裡為他投入的資源成正比……最後他還是聽爸媽的話進入醫學系，後來成為收入穩定的牙醫。

即將邁入四十歲的時候，一股突如其來的鬱悶卻找上了他。明明已經有了穩定的家庭，人生到底還有什麼不滿足呢？直到某個假日，苦惱的他重新拿起了落滿灰塵的那把吉他，小心翼翼地擦拭，調緊鬆掉的弦。

接著，他如同往昔般彈起了吉他。原本以為再也不會彈吉他的自己，手指卻意外牢記著和弦，內心豁然開朗的感覺讓B不禁打了個冷顫，自己都嚇了一跳。他決定，絕對不能再失去這種感覺。雖然他現在不是什麼知名的歌手，倒也如願成為一位愛唱歌的醫師。

*

察覺自身能量的成功人士，往往能更接近財富的頂端。相反地，忽視自身能量的人，則只能活在不停懊悔過去選擇的日子裡。

「按照天性生活吧！」是我經常給人的建議。所謂天性，顧名思義就是天生的性質；換句話說，唯有按照與生俱來的性質生活，才能在面對任何事時都能迎刃而解。你會選擇在不清楚自身能量的情況下，過著不停重新適應的人生嗎？或是隨時都有意識地覺察自身的能量，並做出有辦法充分利用它的選擇呢？前者與後者各自以不同的速度踩著人生的踏板，而找到自己的能量，即是足以讓命運翻天覆地的變數。

富者們認真學習命理學的原因也在此。只要對自己與生俱來的能量有所了解，就能知道自己擅長什麼與不擅長什麼，以及應該與什麼人來往、避開什麼人。縱使這不像數學題一樣存在固定答案，也能看出大概的趨勢與方向。

總而言之，正確掌握天生的性格（即天性），便足以讓運氣變得更好，並靠自己做出各種選擇。相反，假如不曉得自己的天性，則有可能錯失這一切。

從衰運之中打撈幸運

就像前文提過的，運氣與一個人與生俱來的性情密切相關，然而心態卻是其中的重中之重。

在向我坦白過無數故事的形形色色人們中，有幾個共通點，其中之一就是那些不合理到令人懷疑「真有這種事？」、我卻親眼目睹這些就機率上來說極低，卻頻繁出現在許多人人生中的事情。

儘管如此，你還是會再次感到震驚——因為無論遭遇了多麼不合理、荒謬的事，富人依然會想盡辦法掙扎求生。

*

這是關於某企業家經營珍珠奶茶專賣店的故事。生意好到光是加盟店數量在韓國就一度破千，公司的規模自然是愈做愈大。

創始人是A和B。嚴格來說，是A在大學附近創立的一間小飲品店，不是同業的B是後來才加入的，而真正讓事業版圖成功擴大的也是B。

「老闆，我想學做生意。」

「什麼意思？」

「我真的很會賣東西，我一定可以把店做得更大。」

人手不足，獨力經營小飲品店的A連工讀生都招不到。有天，一個不知道從哪裡冒出來的男人，開門見山就拜託A教自己做生意。這莫名其妙的自信感到底從哪裡來的？A接受了B的請求，並開始教他做生意。

那天正是這間小飲品店開始稱霸全國的起點。B的頭腦確實與眾不同，瞬間就像個已經做了幾十年生意的人一樣，熟練地掌握客人的需求。B斷言高價位產品絕對賺不到大學生的錢，便破天荒地開始販售一杯不到兩千韓元的飲品；靠著低價、口味好，小飲品店很快就建立起口碑。

深怕錯失良機，他開始觀察周遭環境，思考著該將第二間店開在哪裡比較好。在大學附近經營小咖啡廳的自營業者很多，所以他決定先進攻人行道商圈，宣稱「只要稍微改變現有咖啡廳裝潢就能輕鬆搞定」，瞄準了年輕老闆們，隨後當然再補上一句「比起人人都能賣的咖啡，順應潮流販售特色化飲品，一定更有利可圖」。

就這樣，分店一間接著一間開幕，人們開始好奇「那間店是什麼？」「憑什麼可以擴張得這麼快？」「我是不是也該去了解一下？」

一開始他主攻大學附近據點，後來B認為應該擴大版圖，也就是跳脫人流與消費力有限的大學商圈，前往商機更多的區域。那麼，準備小規模創業的人，都出現在哪裡呢？

瞬間，他腦中閃過一個想法：只要去趟創業博覽會，自然就能接觸到苦惱地聚集在那裡的自營業老闆了。決定向資本額小的年輕咖啡廳老闆們進攻的B，開始想辦法說服他們珍珠奶茶還有多少潛在商機。

「現在已經有太多咖啡了，倒不如做珍珠奶茶。」

不僅初期需要投入的資金比其他連鎖咖啡品牌來得低廉，還協助他們物色大學附近的黃金位置，因此任誰都很難抵擋得住誘惑。這個品牌很快在最短時間內擴張成擁有最多加盟店的企業，甚至迅速建立起「首創優質飲料品牌」的形象。

除此之外，加盟店增加的裝潢費用，大幅提升分成利潤，之後加上專利帶來的收入，建立了穩定的營運基礎。順利打造了可持續發展的利潤結構後，確實讓公司憑藉獨有的方式穩扎穩打地成長。

乍看，B的確像個經商手腕了得的人，但他其實出身自貧寒之家，連基本學業都沒辦法順利完成，更不曾上過任何與商業、企管有關的專業課程。「眼光」是他唯一的利器。

B的父母沉迷於賭馬。童年無比貧苦，帆布搭起的屋頂就是他的家。B沒有上學，平常在私營賽馬場為客人送提神飲料、替非法賭馬的大人跑腿，靠這些活兒賺點零用錢，同時漸漸地學會了看人。因為要迎合那些被金錢沖昏頭的傢伙，他默默地養成了洞察客人喜好的能力，像通靈般一眼看出對方的好惡，並開始學著做生意。

要說不幸，他的童年確實很不幸，甚至很有機會誤入歧途，可是他卻沒有讓自己陷入那灘淤泥，反而從恨不得抹去的最糟回憶之中，找到了擺脫貧窮的解答。

*

這種事當然並不常見，因為多數人不會在自己的人生找答案，而是試圖從完全無關的人身上去找。

興趣終究只是興趣，千萬不要誤以為興趣會成為一扇逃生門。從大企業離職的韓國人，最常選擇創業的生意就是去賣炸雞，但是連對餐飲業最基本的認識都沒有，真有辦法好好經營一間炸雞店嗎？試著從自己過去長時間接觸的工作領域去找、看看有沒有相關的生意，會不會是更有效率的做法呢？

舉例來說，如果是幾十年年資的美容美髮師，即使要轉換跑道，也要從這一行裡才能找到賺錢的機會，也許是開發新的美容工具，或研發其他泡沫染髮劑等等。明明在美容美髮業做了一輩子，突然為了喜歡烘焙而想要靠做麵包發大財……往往只能換來慘痛的失敗，而不是利潤與成功。

再怎麼微不足道的事，也一定有「專業」存在。至少，假如你在過去三年間一直堅持從事某件事的話，那就意謂你的運勢正朝著該方向前進，無論是好是壞。**請盡全力專注於自己正在做的事，就算想找尋其他答案，不妨也先試著在相關領域物色另一條新路。**

你現在能做的事並不難。只要好好穩住心態，自然就不會陷入泥淖。無論幸或不幸，聰明的人始終可以在既定的命運與框架中創造屬於自己的運氣，而這也是最快、最簡單的致富之道。

「運氣」的優先順序

由於大腦機能會隨著年紀漸長而衰退，因此普遍認為老年人的記憶力與判斷力也會隨之下降。不過，其實年輕人的判斷力也會在人生經歷劇變或重大困擾時，混亂得幾乎陷入停滯狀態。

如果是關於戀愛、學業、就業等問題都還算是小事：找個人交往、重考、多嘗試幾間公司……多半都能解決。假設是失去了一筆鉅款，或是從最頂端的位置跌落神壇，問題的層級可就不一樣了。一口氣失去名與利的打擊實在太大，就算要重新找回這一切，也得耗上不少時間。

既然如此，當人生遭遇嚴重得幾乎讓判斷力完全失準的打擊時，首先該做什麼？有些人即使長成了大人，依然只會顧著發牢騷，生活卻無法自理，遑論面對各種糟心事了；平常判斷力再好的人，此時也難免要亂了分寸。

我經常目睹這種因為被命運開了個玩笑，使徹底失去理智的人。通常只要重新振作就能順利解決的問題，卻因為大腦過度震驚、停止運作，落得一步錯、步步錯。

＊

體能教練J在健身房工作，老闆是熟得能直呼「大哥」的人，他有個相當遠大的夢想——希望將來有一天能善用自身對於食品營養學的專業知識，與擔任體能教練的實際經歷，開發自己的同名健康食品。

然而，現實總是殘酷的。健身房的會員人數正在下降，就是為了五斗米折腰，都得看人臉色才領得到薪水，還提什麼自行創業的夢想。

這可不是他唯一的煩惱。面對不斷逼婚的女友，他也沒辦法立刻拿出一大筆錢買房子。換句話說，就是四面楚歌。自己明明已經這麼拚命留住會員、教導學生了，為什麼就是事與願違？

「我不知道自己的人生是從哪裡開始出錯的。」

「您指的是這一切的起源吧？」

「對，我覺得眼前一片黑暗，每件事都糟得一塌糊塗。我得餬口，所以不可能辭職，但會員愈來愈少，每次到了發薪日都得看老闆大哥的臉色。結婚的事也是，我不是不愛我女友，但現在就不是有辦法一起生活的時候。繼續這樣下去，我的年紀只會愈來愈大，根本不可能完成創業的夢想。」

我當時就覺得一切都已經解決了。只是因為連夜大雨一時忘了手中還緊握的船槳，J其實早就知道答案。我選擇不動聲色地給他提示。

「請好好思考其中一樣最重要的事就好。」

原本看起來摸不著頭緒的J，露出忽然像是想起什麼似的表情。隨後，我又告訴了他幾個方法。

幾個月後，我收到來自J的消息。那是通問候電話，告訴我他生活中的所有事情都開始好轉，而我也能感受到從話筒另一端傳來的喜悅。

「老師，我終於知道自己該怎麼做了。您之前不是叫我只想一樣最重要的事就好嗎？我仔細想了想，才發現那就是釐清所有事情的頭緒。真的只要解決一件事就好。本來明明好像有無數個無法解決的問題糾纏在一起，卻一下子像變魔術那樣完全改變了。」

J描述了這段期間發生的事。聽完我的建議後，他一回到家便立刻坐在書桌前寫下自己想做的事。他不停思考著「只要想著現在對我來說最重要的一件事」，然後決定將「工作」列在第一順位。解決工作的問題，剩下的一切似乎都能迎刃而解。醒悟到當務之急，他立刻付諸行動，拿著準備好的履歷從一大早就開始敲各家健身房的門。

或許是命運的安排吧？他一大早拜訪的第一家健身房，正好碰上老闆在準備開門營業。這家老字號的健身房位於高級飯店內，換作是其他員工收到這份履歷，搞不好就直接丟進垃圾桶裡。一心想著「這是上天給我的機會」，J開朗地向老闆自我介紹，然後呈上自己的履歷。不久後，他錄取了。

J的運氣可不僅於此，好運反而像是骨牌般滾動過來。換到新健身房後，他比任何人都認真工作，對每位客人竭盡全力，成功為健身房增加了新會員，自己也加了薪。除此之外，由於他負責的是按照會員制度提供體態與飲食管理服務的高單價項目，自然而然接觸到許多VIP會員。

原本在人際關係面臨的困境也在無形中解決了。起初就是因為會員人數驟減，讓他與「老闆大哥」變得容易遷怒對方，J才選擇先一步離開。後來，老闆大哥非但沒有為此難過，甚至還很感謝J，兩人的關係反而比之前更好了。等到收入穩定，也順利在職場上獲得肯定後，他立刻向女友求婚；此外，因著一位持續關注J的客人提供建議，他開始談起投資健康食品。明明只是換了份工作，卻俐落地理順了原本混亂的人生。

*

答案早已出現。不過是為了餬口，也就是眼前的現實問題，才會一再推遲真正急迫的事。

這個月的卡費、當下的人際關係、與另一半的婚姻……J只是一時迷失在事情的優先順序裡。只要解決「工作」這個當務之急，生活自然就能恢復平靜，而原本錯綜複雜的運氣也自然能依序化解。當一個人這樣做也不行、那樣做也不行時，只能急得直跺腳的情況很容易就會接連著鎖死每件事，猶如一顆名為「不幸」的手榴彈滾進生命中，引發一連串的爆炸。

世事向來就有「優先順序」。以一生的運氣來說，這套優先順序更是無比關鍵，如果存在當下非得解決不可的問題，勢必就是解決了才有辦法邁向下一個階段。人生就像一團糾結的毛線，儘管看似亂七八糟，但實際端詳後，通常就會發現問題其實只有一個。換句話說，就算一切複雜得看不清開始與結束，只要找到打結的地方，自然就能輕鬆解開所有疑難。像這樣慢慢決定好優先順序，人生就會變得截然不同，而這就是運氣的運作方式。

在砧板上切割人生的過程

既然如此，又該如何決定優先順位呢？人們經常會搞混「重要的事」與「急迫的事」，所以我們首先要做的，是拆解自己的人生，以便終結不好的運勢，重新出發。我從來沒有告訴過J「正確答案」，而是建議他「只思考一件最重要的事」，並且提出一些關於如何從不同角度看人生的方法。

「首先必須進行切割。」

「嗯？切割?!」

「對，也就是將您的人生放在砧板上，然後開始拆解。」

J說他從來不曾正視，更不曾拆解過自己的問題。僅是選擇忽視那些令人難受、焦慮的現實，一次也不曾付出努力去面對，只想著輕鬆賺錢，是絕對不可能致富的。致富的運氣，從來就不可能像這樣乖乖現身。直到後來，J才懂得該如何將自己的人生放在砧板上細膩拆解。

富豪們也沒什麼不同。但他們決定優先順序的方法，往往超乎想像。某地方名士，致富發家的能力是他發掘黃金地段的絕佳眼光，而從他為了徵詢投資建議而提出的問題，便能看出這人的不同凡響。他甚至帶來了一張地圖，上面標記著自己在某地區擁有多少土地，直接了當地表明除了土地交易，他對其他事情毫無興趣。一心只專注在一個目標上。像這些思路清晰、目標明確的人，相對來說就會比較容易達成自己的目的。

相反地，完全不清楚優先順序，甚至從來沒想過這件事的人，提出的問題自然也會讓人摸不著頭腦。根本不知道自己為何而來，提問往往淪於模糊與抽象，說了一堆鬼打牆的問題、國際新聞、不相干的人等，完全搞不清當下的重點，統統是不著邊際的內容；每次遇上這樣的人，自然高下立見。

「成功的人果然明白優先順序的重要性。」這些人連運氣都有辦法隨心掌握在股掌之間。

就像是全校第一名與最後一名的差別。明明考的是同樣試題，明確掌握考題要求並專心解題的學生，與完全不理解重點就開始胡亂答題的學生，兩者間自然存在差異。全校第一名每天平均花五小時讀書，全校最後一名平均花十小時；同樣付出了努力，結果卻不相同。不像全校第一名是根據老師在上課時強調過的筆記內容來練習考古題，全校最後一名只因為聽到「考題都從課本出」便從第一頁開始複習，拿起各種色筆畫滿重點，嘗試把全部內容都背下來。不必多說也知道為什麼落得最後一名的悲慘下場。

了解優先順序就是這麼重要。當然了，假如讓全校最後一名遇上了擅長抓題的家教老師，那麼故事或許就會完全改寫，畢竟「優先順序」本來就是他們主打的教學強項。只是，幫手終究不可能幫你我決定人生的所有優先順序。

*

人生就是如此。任何人都不可能代替另一個人生活，就像數學題也不存在萬試萬靈的公式。這也是為什麼操控他人的人生會如此不容易。其他類似的例子，就像醫術再怎麼高超的醫師也不願親自替家人動手術一樣，摻雜私人情緒可能會妨礙開刀過程；我一定也會在替親朋好友看運勢時，加入個人的主觀意見。

所以每個人都必須親自決定自己人生的優先順序。此時，只要思考一件事就夠了——首先解決那件「最讓自己感到自卑」的事。既然是一直想要忽視、逃避的問題，大多不會一次就搞定，必須先分門別類，再各個擊破。

接下來就很簡單了。只要把第一順位的那件事拿出來，然後開始拆解。想要還清債務，首先得要分析自己為什麼負債，並確實掌握自己必須在本年度內清償的債務總額；接著開始思考自己得透過什麼方式創造收入、有多少成功機率、長期來看可以在什麼時候還清。光是做到找出重要的問題來進行拆解，就能令人生的藍圖變得無比清晰。

解鈴還須繫鈴人。我們很多時候都得委屈地去解決那些明明不是自己闖的禍，但整天嚷嚷著委屈，眼前的問題並不會因此消失或減少。如果是無論如何都得解決的問題，與其一直怪罪他人、悲觀厭世地過日子，直接把問題擺上砧板然後一一拆解，才是首要任務。

只要試著持續拆解，沿途的障礙自然就會開始減少，並且逐漸刪除不必要的東西。恰如魚群會在水路疏通時一湧而上，原本堵塞的財富與運氣也會自然而然湧入。

別為結果妄下定論

人生向來是一連串的考驗：國小、國中、高中，每個學期都得考試，為的就是通過「大學入學考試」這道巨大的關卡。即使上了大學，考試也不曾停止；接著又得通過語言測驗、證明求職的能力，通過各家公司的考試後，才終於成為真正的社會人士。這一切並沒有就此結束，之後還得繼續活在像是資格考試、升等考試等各種考試的枷鎖中。

人們到底是為了什麼而考試？入學？就業？升遷？自我實現？以上皆是。就像首位登陸月球的地球人阿姆斯壯被當作幸運的象徵，從「合格」這把梯子上邁出腳步、安全抵達，即意謂著人生的成功。

於是，問題來了：合格等於財富、幸福的危險公式成立了。但當下眼前看見的結果，並不是人生的全部，更不可能以此作為預測未來的根據；再說，自己認為重要的事與實際上重要的事不一定一樣。在合格或不合格而演變成幾家歡樂幾家愁的考試中，這樣的例子確實不在少數。

*

「我要去鷺梁津[1]了。」

C是從大學時期就開始準備公務員考試的朋友。在那個時代，公務員仍是公認的最佳職業。聽到C決定踏進一個自己根本沒興趣的陌生世界，身邊的同學們其實很驚訝，儘管也不算是完全無法理解。背負著父母所有的期待，獨生女選擇穩定的職業作為人生目標，也算合情合理。

決定專心準備公務員考試而申請休學的C，卻在一年後重返校園。她說雖然每天都準時上課上到半夜，但還是落榜了。

1 譯註：匯集了難以數計的補習班與出租套房，是韓國考生們著名的備考聖地。

沒多久，她又申請了第二次休學，自願踏入那個猶如戰場般的鷺梁津考試村。這次還是沒考上。明明已經這麼認真了，卻好像這段期間的努力都白費了似的。

C不可能放棄。後來不知道又挑戰了幾次？從七級向下報考至九級後，才終於在畢業隔年傳來好消息。好久不見的C，臉上的神情彷彿得到了全世界。

「你終於考上了！」

「對，我打算把這輩子都奉獻給國家了。之後一定要升上七級、五級才行。」

有本事突破競爭激烈的超低錄取率，她的韌性確實令人感佩，同學們也無一不為她上榜感到高興，紛紛為這位準公務員充滿希望的未來送上祝福。儘管才二十多歲，未來卻已是完成式。隨後，我進入電視台成為製作人，而公務員C則進入地區行政中心，兩人各自在自己的領域打滾著。

就在一年內的某天，我被C的消息嚇了一跳：她竟然辭掉了千辛萬苦才考上的公務員工作？我太好奇中間的來龍去脈；到底發生了什麼事？

一開始，她帶著考上的喜悅過著上班生活，後來C發現自己完全無法適應垂直、保守的組織文化，一旦遇上民眾投訴暴增的日子，甚至還得熬夜加班處理。為了像是「社區的蚊子太多了」、「樓下的店家吵死了」之類的瑣事處理投訴、爭執，又是另一種壓力。這與C向來崇尚自由、敏感的性格完全不符，她原本平靜的日常也逐步走向崩解。她盡可能努力堅持下去，結果還是撐不到一年的時間就選擇逃離。她說：

「原來考上不代表一切，現實根本是另一回事……」

*

所謂運氣，其實就像橄欖球，你永遠不知道它會彈去哪裡。此刻的好運或許最後會變成壞運；當下貌似壞運，卻在日後回顧時變成了好運。財富亦然。現在在我手中也不一定永遠屬於我，現在不在我手中也不代表屬於別人，與運氣並沒有太大的分別。

某天，一位貧窮的老翁中了樂透，說是曾祖母托夢告訴他的名牌，興奮得向左鄰右舍廣宣這件事。就在他領完獎金的當晚，小偷上門，甚至連他原本僅存的財產都被搜刮一空。一夕間從暴發戶變成窮光蛋的老翁，茫然失措。對他來說，中樂透究竟是好事還壞事呢？

一夕爆富顯然是種幸運，但幸運的保存期限多長則是另一個問題。成敗與否確實關乎運氣，後續發展卻完全在個人。創造運氣固然重要，但好好維持與延續才是真正的關鍵。

因此，命運必須放長遠來看；換句話說，即是盡量避免因心態上的患得患失而太過亢奮或消沉。就像合格的結果不是終生保證一樣，今天緊握在手中的錢也不會永遠屬於自己。財富再多，若是找不到適合盛裝的容器也是沒用。

我究竟該將找上自己的好運裝在大木盆或小碟子裡呢？比起眼前所見的運氣，擁有足以盛載這股運氣的器量才更重要。

有毒的運氣，有益的運氣

演藝圈，是富人數量不亞於金融圈的地方。大眾有需求，就意謂著有市場，而以市場經濟的邏輯來說，結論即「金錢」。光是拍廣告的費用就可以從數百萬到數十億韓元不等，各種需求都有。

難怪最快、最確定可以提升身分的機會就是當上明星，只要能讓社會大眾認識自己的臉或參與的作品爆紅，身價便會水漲船高，是再怎麼看不見運氣的人都會期待的：期待著一夕間躍身超級巨星，或是連夜收到幾十億元進帳的名人生活。

然而，天下也沒有白來的運氣。鎂光燈背後是要付出代價的，當愛與關注的目光愈多，大大小小的是非與雜音也開始不絕於耳，這大概就是演藝人員的宿命。既然是靠著人氣維生，自然也只能忍受這一切。或許，名與利的代價就是拿自由與尊嚴來換的。那天，我在無意間轉到的電視節目上，看見了似曾相識的畫面。

*

「睽違十年的復出，您不會覺得害怕嗎？」某位記者提問。

「既然選擇了在下雨天出門，又怎麼可能不淋到一滴雨呢？就算帶著雨傘出門，也得接受衣領濕掉的可能。」

那是在演藝事業如日中天之際選擇結婚引退的演員，宣布重返演藝圈的正式記者會；氣場全開的架式，彷彿漫長的十年空白根本不值一提。那場記者會可不是什麼氛圍輕鬆的訪問，而是動輒就會影響到公司股價的鴻門宴，不斷按著快門的記者接連提出令人厭惡、甚至難堪的問題。

然而有別於媒體的熱烈關注，大眾的反應倒是很兩極。明明已經道別了演藝圈、銷聲匿跡的演員，突然推翻自己引退的決定，於是只剩下壁壘分明的「對於復出的決定感到被背叛派」與「舉雙手歡迎派」。

反倒是演員本人相當從容，絲毫不見任何動搖，態度剛正、眼神堅決，似乎早就預料到這些反應了；換句話說，好像從很久以前就在腦海中想像、預演過這個場面。祕訣到底是什麼？就是演員說的那句話，表示「我能承受微不足道的傷害或口舌」、「也不在乎指責或負評」。就是這份自信，成就了他在鏡頭前勇敢、堅定的形象。

*

像這樣在自己領域獨領風騷的人，往往從小地方就能看出他們的級別，微不足道的傷害或口舌，不過是成功前的小小阻礙罷了。

位列韓國金融富豪第八名的新羅飯店社長李富真就是一個很好的例子。幾年前，首爾獎忠洞的新羅飯店發生過一起意外：八十多歲的計程車司機開車撞進飯店大廳的旋轉門，除了有職員受傷，旋轉門更是徹底損毀，維修金額高達五億韓元，只要新羅飯店求償，對方就得負擔數億元的債務。李社長聽完完整報告後，要求到計程車司機的家中探視一下，發現司機還得照顧抱病的妻子。他非但沒有提出損害賠償的要求，還送上醫藥費，讓整起事件平靜落幕。這件事後來被媒體曝光，社會大眾都感到相當驚訝。不計較的大度，反而換來了再多錢也達不到的宣傳效果。

國際巨星 Rain 也是。他幾年前發行了單曲，受到了前所未有的「矚目」——完全不是意義正面的東山再起或逆轉人生，而是因為退流行的老土歌詞與表演方式，成為新世代嘲諷的對象。Rain 非但沒有生氣，樂在其中的模樣還扭轉了輿論的風向，讓原本把Rain的歌曲與編舞看成笑話的人開始喜歡、尊敬他。再次收到各種天價廣告邀約，Rain重新躋身巨星的行列。

假如他當時只顧著在意眼前的利益或批評，結果會是如何？假如他認為自己的名譽受到詆毀並表現出不悅，是否仍能像這樣贏得社會大眾的好感呢？如何將反感扭轉為好感，確實有個祕訣——像「運將」那樣，自然就能使特定情況變得對自己有利。

*

《孫子兵法》的作者孫武認為，將帥之才可以分為勇將、智將和德將。勇將是像張飛一樣擁有過人的能力，願意率先挺身解決問題的將領；智將是像諸葛亮那樣，善於運籌帷幄的謀略型將領；至於德將則像劉備，憑藉高尚的德性，將智將、勇將統統收於自己麾下。

勇將不敵智將，智將不敵德將。不過，就算這三種將領能飛天遁地，也絕對贏不了一種將領，那就是「運將」。運將是天賜的將領，是任誰也無法與他匹敵的存在。

前文提到透過記者會宣布復出的那位演員，善用了自己的運氣，憑藉兩位數的高收視率華麗回歸。不患得患失與眼光放遠的自信，無疑是讓他後來變得更成功的催化劑。

贏家的層次就是不一般，他們懂得以小損失換取大利益；相反地，事事計較的輸家則會用大損失去換小利益，執著於一些微不足道的運氣，反而錯失了真正需要的運氣。因此，千萬不要患得患失或虛耗運氣。

好運會找上任何人。至於自己決定要使用多大的容器去盛裝這股運氣，才是真正的問題所在。

如何用手指在三秒內找到路

人從出生到死亡都無法避免的兩種東西是什麼？答案是「失敗」與「稅金」。稅金是逃不了，但失敗，如果懂得找到途徑的話，可就不一定了。

這是從前的一位恩師教會我的。大概在一年前——我甚至都已經忘記他了——就在我開始替人看運勢後，腦海中常會浮現一些畫面，那是恩師告訴我人生祕密之一的那堂課。

我想告訴那些覺得人生一直在原地踏步、心裡難受的人：「這就是人生前進的方式」。**只要一步、一步向前走，自然就能走到目的地。**

某年的初春，那位我一直尊敬與跟隨的老教授久違地在用餐時開口說道：「人們總是被『明明做了什麼卻好像什麼也沒做』的情緒所折磨。愈是渴望財富與成功的人，愈是如此。可是，根本不存在什麼都沒做的人。家庭主婦做家務、學生上課、上班族工作……一旦人開始產生『我不如人』、『我做什麼都不順』的焦慮心態，他的世界觀就會完全轉負，所以也絕對不可能成功。」

「為什麼呢，教授？」

「你試著想想：『放手』會引起無能的挫敗感，進而產生自己與富人永遠是兩個世界的認知，開始覺得自己與成功的距離愈來愈遠，只剩下失敗的記憶不停往內在深處扎根。自然而然，成功就會變成別人的事。**心理上離開了成功，生理上當然也會。**」

相當有道理的一番話。也就是說，如果能增強心理上對失敗的抵抗力，自然就能提升成功感；換句話說，只要成功的次數增加，失敗的次數相對減少，與財富的距離也會愈來愈近。

我在某處讀過的一項研究結果也應證了這個論點。根據研究報告顯示，人類一直留著過去不好的記憶是基於生存本能：假如在樹叢間瞥見的小毛球不是兔子或獐子，而是獅子的尾巴呢？為了不變成獅子的盤中飧，只能拚死拚活逃跑直到順利活下來，「躲避棕色毛球」因此成了深深烙印在你我祖先腦海中的壞記憶、恐懼感。每次一有性命之憂，就把它自動存進壞記憶的資料庫，這都是為了讓後代能成功活下去。

大腦是為了不讓糟糕的經驗重演，才會將它們轉換成長期記憶。簡單來說，人一旦將失敗的經驗視為威脅或恐懼，對特定事件的記憶與情緒便會持續很久，結果，我們以那些不等於現實的失敗經歷，作為了自己對過去的主要記憶。這也是與成功漸行漸遠的捷徑。最後，人類脆弱的體感根本無法反映現實，任何一點點無謂的「失敗」碎屑都足以阻擋致富之路。

「我很好奇，如果是教授會怎麼做呢？像是在那些感覺人生原地踏步的時候，或是覺得自己好像沒辦法再前進的時候？」

「只要改變對成功的想法就好。直接用眼睛去看。」

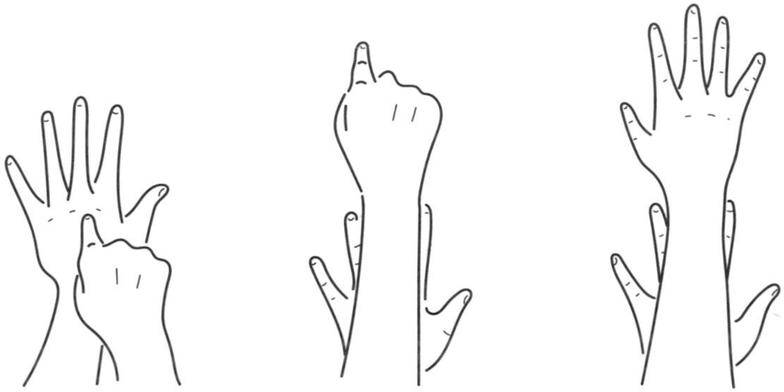

①　②　③

「用眼睛看？」

稅金躲不過，失敗卻能減少。根據教授的邏輯，這確實不是不可能的事，而且直接用眼睛看見成功的方法，比想像中來得簡單。

首先，像圖1般攤開你的左手，假設它是人生的縮小版。接著，右手食指代表自己，此刻的我們就站在這條路上，而面前開展的五根手指頭就像是人生的旅程。

要走這條路嗎？還是走那條路呢？只顧著煩惱、猶豫的一般人根本連人生的第二個關節都跨不過去，最後只能在歲月的中央虛耗寶貴光陰。明明「只要再走一點點就到了」，多數人就是熬不過便轉身折返，彷彿自己走錯了路、這不是自己該走的路。其實，只要繞過眼前的轉角就是目的地了。我現在也終於明白，真的只要再走「一點點」就好。無論選擇了哪個方向，接下來只要邁開腳步走到底。

如果是像圖2那樣，選擇其中一條路後走到底，只要走一點點就好。當右手觸到手腕內側時，可以像圖3一樣攤開右手。

看見了嗎？往前走一步，又開啟了全新的道路。在這個狀態下，換另一隻手。這次輪到用左手食指代表自己。攤開右手後，重複圖1至圖3的動作。接著，向前走一步、換手、再向前走一步……人生就是如此。用每一小步累積成一條道路，然後就像這樣完成整趟人生。

率先邁出腳步的人就贏了。只要能走到底就是成功。即使看起來微不足道，但一個人銘記的成功經驗愈多、愈頻繁，對於失敗的記憶也會在瞬間減少。

＊

大概就是從那時候起吧？每當我不順遂、不開心時，都會刻意去做一做這套手部動作。

照著恩師告訴我的方法，慢慢向前走。當我不知道自己該走哪條路、找不到方向、需要確認自己正在進步時，就會想起這套動作。在那些快要默默被焦慮吞噬的時候，我至少都能藉此得到些許撫慰。實際跟著做之後，應該有不少人都會和我一樣，產生類似的情緒：

「原來這就是成功的感覺。」

「忽然覺得自己不是在白活。」

「現在已經變成習慣動作了。」

不僅如此，那些曾經認為自己迷失、落後的人，也能透過這套動作讓焦躁的心冷靜下來，並逐漸找回從容。原本性急而總是很快選擇放棄的朋友，說他因此改變了投資的心態，甚至為我帶來「耐心持有一家未上市公司的股票，結果賺到大錢」的好消息。單靠手指就能在三秒內確認成功，無疑是一種有效的精神控制（Mind Control）法，而我相信必須將這套動作告訴任何需要它的人。

今天的我，同樣在手上踏出了一步又一步。重新設定好每天的方向，直到頓悟的時機到來——

「其實我一直在進步。」

只要試著堅持走向指尖，人生就會在不知不覺間走得很遠。當不知道人生究竟會走到哪裡、好奇著究竟還要走多遠時，不妨試用手指體驗成功的感覺。聚積天天創下的無限步數，吸引自己渴望已久的運氣。

當我年輕的時候，
我的想像力無限，
我夢想改變這個世界。

當我成熟後，
我發現自己無法改變這個世界，
於是，我將目光縮短了些，
決定只改變我的國家。
當我到了暮年後，
我發現自己似乎也無法改變國家，
於是，只改變我的家庭成為最後的願望。
但是，這也不可能。
當我躺在床上瀕死時，
才突然意識到：
如果一開始我僅僅去改變我自己，
然後成為一個榜樣，我或許能改變我的家庭；

在家人的幫助和鼓勵下，我或許能為國家做些事。

然後，誰知道呢？我甚至可能改變這個世界。

這是刻在英國西敏寺墓碑上的一段文字。儘管墓碑的主人已經離開這個世界，卻為後世留下當頭棒喝。世上沒有任何人生可以一步到位，有的只是透過一步、一步的累積，最終為我們換來偉大的成功罷了。

每個人都會憂慮不安，而且多數人甚至沒有勇氣去相信這個充滿不確定的世界。可是，將無謂的煩惱、憂慮、不安像三隻小熊一樣背在肩上走路，會不會太辛苦了呢？帶著既不正面也不負面的輕鬆心態，去走自己的路就可以了。由我開始的那一步，最後也會回到我身上。所有運氣皆始於「自己」，就是這個意思。

・懂多少賺多少的五行能量

分辨五行人

1 於免費命理網站輸入出生年月日時。

2 八字中的上列第二個字即代表自己。

3 參考五行的性格，尋找每個人獨有的致富能量。

○○○○年○○月○○日，○時○分

	丙		

分辨五行的性格

屬火

丙火：擁有太陽般的開朗性格，甚至可以說是融入每個人的生活。熱情、善社交，適合需要對人的工作。

丁火：像蠟燭那樣，性格穩定。擅長引人關注的工作，有利於從事藝術相關工作。

屬水

壬水：性格猶如海洋般寬廣。追求獨特性且活力過人；建議開創大事業，而不是待在固定的地方。

癸水：就像冰涼的雨水。不太表達內在，適合選擇需要靈活運用腦筋的自營業或實務業。

屬木

甲木：像開枝散葉的大樹那樣。具有領袖氣質、注重名譽，能在政治、教授等職種獲得成就。

乙木：像是幼小的樹木般。善察言觀色、精打細算。口才便給，適合朝諮商或心理領域發展。

屬金

庚金：如巨石般耿直的性格。擁有自己的一套原則，判斷能力高超，適合在公職或檢警體系大展拳腳。

辛金：像精製寶石、金屬等物件。完美主義者，適合需要細心、謹慎作業的專業工作。

屬土

戊土：猶如遼闊的大地。性格善協調，所以適合從事需與國外交涉的工作，像是貿易或仲介等。

己土：象徵濕潤的土壤。追求實際利益，擅長社交，可以透過組織或團體生活取得成就。

第五章

關係的心理

財富喜歡自私的人嗎？

豪門的八字，另一種人生

有些人會說「大家都說我是豪門的八字，但為什麼我的人生只有這樣？」只要上網搜尋一下，就能輕鬆找到一說出名字就大家都認識某集團會長的八字，然後卜方一定會出現像是「找和會長同年同月同日同時生，將來也會變成超級有錢人」的留言。

理論上來說，確實會有一樣的人生。然而，明明和名人擁有相同的生辰八字，卻連豪宅附近都沒去過的其實大有人在。就算擁有一模一樣的八字，多數人卻依然過著完全不同的人生。看雙胞胎就知道了，哪怕在同樣的腹中、都待了十個月才出生，性格與喜好也常是截然不同。

「命運不都已經決定好了嗎？」

「大家不是說八字就是統計學嗎？」

各式各樣的反問。我也開始好奇，「命運」究竟是不是早就註定好了的？既然同日同時出生都會有完全不一樣的命運，那麼到底是什麼決定了命運？命運又是否能夠扭轉呢？

*

兩個孩子A與B，出生的日期與時間相同，就連名字也一樣。兩個孩子都是開朗外向的性格，因此比起待在國內，更適合國外的環境；語言天賦過人，如果能協助他們發展語言學習的話，應該會有很好的成就。

A的父母經濟較寬裕，從小就把他送出國留學了。優秀的語言學習能力使他通曉多達五國語言，如今已是知名的國際律師，他也將自己成功的人生故事寫成一本書，暢銷作家的身分為A的招牌再鍍上了一層金。

B不同：誕生於平凡之家，家境不允許送他出國留學，頂多只能完成基本的學業。多虧學業成績優良，作為榜首順利考上了外縣市的國立大學。B也背負著長子的責任，認為自己必須盡快出社會工作賺錢，而不是繼續進修，所以一畢業便立刻跑去補習班當講師，是當地高中補習街的人氣講師。

同日同時出生，命運卻截然不同，一個是名聲在外的國際律師，另一個則是靠補習班崛起的講師。這段故事並不是在探討哪種人生比較好，而是層次的差異：為什麼他們的人生會如此不同？與生俱來的天賦再好，一旦缺少了機會便天差地別，這就是每個人的命運為何如此不同了。

關鍵就在「特殊關係人」，也就是影響自己人生最深的人。在童年時期，這個人可能是父母，長大之後可能是另一半；即使擁有相同的命運，許多部分也會因此改變。

父母對童年時期的影響尤其關鍵。無論一個人如何努力靠自我性格突破，只要父母阻止的話，最終也是徒勞。嬰幼兒時期如此，即使到了幼兒園、國小以後，多數也都是由父母作主，可以說父母對一個人來說就是全世界，甚至是全宇宙，造成的影響力自然無限大。

既然如此，一定會有人接著說：

「只要有金湯匙父母就可以了，不是嗎？」

答案是不一定。這裡又有另外兩名孩子，C與D。他們同樣是同日同時出生，兩個人基本上都很享受成為眾人矚目的焦點，且擅長靠著發揮自身才華來吸引他人。

C從小就在著名的經紀公司附近長大，每天上學往返經過，自然而然萌生出進入演藝圈的想法，後來也偶然地被選中了，在滿二十歲前順利出道。登台的興奮讓他如虎添翼，就像是天生的偶像般；機智與才華兼備，加上掌握了好運，可說是找到了屬於自己的天職。他也相當滿意自己現在的人生。

相反地，D出生在法律世家，要財力有財力、要人脈有人脈，完全不用擔心物質上的支援。然而他卻是在「什麼？藝人？我們家怎麼會出現像你這種不肖子?!」的罵聲中成長。後來，D順著父母的意思進入法律系並報考律師，滑鐵盧之後，只好改變方向成為會計師。即使過著穩定的會計師生活，D仍嚮往不同的人生。每當壓抑不住天生的表現欲，他就會去夜店之類的場所抒發一下；在內心深處渴望站上舞台、上電視的D，最後只留下解不開的心結。

就算像D一樣含著金湯匙出生，只要父母無法覺察孩子的天賦，結果也是惘然，畢竟特殊關係人是你我出生那一刻最先認識的存在。再考慮家庭環境、氛圍，以及父母的能力、思考模式的差異，人生的結果當然不可能一樣。

不過，就算父母的影響力再大，同樣有人能夠憑自己的意願開出一條路來。人類既然擁有自由意志，只要願意下定決心為自己的命運做出選擇，一切也會跟著改變。像父母之類的特殊關係人，也只能影響個人的人生，並不足以動搖命運的根本。只要稍微看看那些白手起家的富人，便會發現他們父母緣薄的情況其實比想像中來得多。

說到這裡，如果反應只有「我沒有父母緣」、「我不會成功」，基本上就到此為止了。要知道，會成功的人反而會將此視作鍛鍊自己的鐵鎚。人類需要歷經一定程度的磨練來提高自己的門檻，也才能撐過煎熬的成人生活。是人都免不了會受到父母、環境的影響，但得先丟掉自己會被這些左右的執念才行。

我的建議是，每個人都需要認真檢視一次自己的人生，試著了解誰是影響你的特殊關係人、誰又是懂得發掘你潛力的人；哪怕只找到一個，你也已經擁有天賜的幸運了。真的沒有也無妨。有人能夠提攜固然是再好不過，但生命裡沒有這種角色也不會造成太大的阻礙；事實上，**最快吸引到好運的方法，即是意識到「我」終究才是拯救自己人生的唯一救星。**而「我」只需要相信自己，並發揮自己的潛力就夠了。

她們與好男人結婚的祕密

「大家都在談戀愛，為什麼只有我整天哭不停？」

C不僅外表美麗，性格也很活潑，所以一向很受歡迎。朋友們都羨慕她，來來回回交往過的男人，要外表有外表、要學經歷有學經歷，周圍的人都異口同聲地認為C「異性緣」絕佳。然而，當事人卻完全不覺得是那麼回事。

「我每次都會吸引奇怪的男人……那些像垃圾一樣的渣男！」

她說的也沒錯。身邊對她示好的男生一大堆，但從一而終、發自真心愛她的卻一個也沒有。交往前，從名牌珠寶到貼心安排等各種物質攻勢不斷，一旦正式交往，便紛紛開始露出本性：偷吃的、直接腳踏兩條船的，甚至還有跟她借錢的。不過，C的人生裡並不存在戀愛空白期，分手只是短暫的停頓。好不容易擺脫那些奇怪的男人，總是很快又開啟另一段新關係。當然了，也是因為她身邊確實不乏追求者。

C真的是天生異性緣很好嗎？有人說，戀愛談得愈多，通常就會娶／嫁得愈好。的確如此。人往往會在談過幾次戀愛後，培養出「看人的眼光」——不過這件事並沒有百分百的保證，畢竟戀愛與婚姻是全然不同的兩件事。

演藝圈也一樣。即使有著決不退讓的強悍形象，也常見婚後幾年淚訴自己遭騙婚的名人。總而言之，沒人敢保證戀愛談得愈多或是愈懂得人情世故，就一定會有美滿的婚姻。

既然如此，究竟什麼才是真正的「男人緣」、「女人緣」？所謂異性緣，大致上還可以分為：姻緣運與結婚運。運氣的世界裡，精準地區分了兩者。

「姻緣運」，顧名思義就是姻緣很多。就像「擦身而過也是緣分」，指的確實就是只有擦身而過的緣分。一下子認識這個人、一下子認識那個人，各式各樣的機會都有，而且無論參加任何聚會都很容易成為矚目的焦點。可是，姻緣很多不代表就能遇到適合的另一半。

「結婚運」才是真正「結婚結得好」的運。有些人戀愛路不順，卻能很輕易就步入婚姻。與一個好人結婚的代價，或許就等於認識異性的機會或方式較少。因此，有些情況是姻緣運很好卻沒有結婚運，有些情況則是沒什麼姻緣運，卻擁有不錯的結婚運。

那麼這裡所說的「好人」又是指什麼樣的人呢？多數人會第一時間想到世俗層面的「條件很好」。然而，我卻一再目睹了這套「好人標準」並不適用於所有人的情況。

*

這是段任誰看了都覺得很好的婚姻。女生是平凡的上班族，男生則是牙醫，到醫院治療智齒的女病患，就這樣與醫師種下了愛苗。其實，並不是所有女生都想和「條件好」的男生結婚，而從來沒有過這種想法的她，即使在婚後也不曾意識到自己嫁得多好。她自豪的是自己在任職的服裝公司累積的職涯經歷。比起當事者，她身邊的人都超級羨慕這段婚姻。

「聽說她老公是牙醫，也太好了吧！」

「她啊，變成人生勝利組啦！」

「現在可以辭掉工作、負責玩就好吧？」

無論再怎麼解釋雙方是因為真愛才選擇踏入婚姻，其他人就是不買單。明明只是正常的戀愛，卻偏偏因為對方是牙醫，身邊的人便紛紛戴上「女生釣到金龜婿」的有色眼鏡。

丈夫後來決定進軍釜山，在當地開了間很大的醫院。業務拓展讓他天天都忙得喘不過氣來，而為了協助丈夫，她不得不向公司申請停職。此外，每次遇上由丈夫主辦的聚會或活動，她都必須隨行，為了體面免不了得把自己打扮得漂漂亮亮的，自然也一一換了使用的包包與服飾品牌。只是，即使穿上好的衣服，提著昂貴的包包，內心卻怎麼也不覺得滿足。她想要以自己的名字創業，更想成為丈夫的賢外助，而不是賢內助。她不想在事業最顛峰的此刻放棄：主修服裝設計的學歷與任職服飾公司的經歷，在三十多歲這個太過年輕與美好的時期放手，真的好可惜。

面對愈來愈苦惱的妻子，丈夫也不滿了。明明是為了幫丈夫才申請停職的，性格外向的她卻只能整天待在家裡，怎麼能不鬱悶難耐？日子一久，兩人爭執的次數變得頻繁，不和睦的氣氛更在無形中向外產生影響：丈夫無法專心經營醫院，患者人數因此顯著下滑，最後，兩人的婚姻以失敗告終。

自己的運氣會隨著對方的運氣改變。兩人的運氣打從一開始就是錯誤的結合。假如是比較適合扮演默默支持的角色，而不是樂於展現自我的女性，這勢必會是段人人稱羨的婚姻。然而，故事中的女主角是必須遇上願意讓自己像野牛般在遼闊草原上盡情奔跑的男性，才會感到快樂的人。既然找了一個與自己性格所需完全相反的丈夫，婚姻生活自然不可能幸福。以這兩人為例，他們並沒有因為互補使得彼此的運氣變好，反而是在搶奪對方的運氣。可見，所謂的成功婚姻，關鍵或許不是取決於另一半的學經歷或財產，而是彼此的結合能否提升雙方運氣吧？

找到比自己條件更好的另一半，是人之常情，堅信這樣才是娶／嫁得好。但如果是這樣的話，一定有一方是吃虧的。

灰姑娘與富裕的王子結婚了。對灰姑娘而言，當然是嫁得很好，但站在王子家庭的立場，會認為這是犧牲與吃虧，因為王子必須養灰姑娘一輩子；換句話說，這場婚姻的結合就是賠本生意。兩個人的結合應該要對彼此產生加成作用、成為對方的貴人才對。

*

絡繹不絕的客人，每天都等著造訪這間由一對年輕夫妻經營的壽司店。兩人的默契堪稱天作之合：負責在廚房內場製作壽司的妻子，手藝完全不輸日本的壽司職人，而性格敦厚的丈夫則擁有親和力；沒有任何工讀生幫忙，兩人完美地分擔櫃檯與服務生兩個角色。

店裡也不透過活魚中盤商購買昂貴的生魚片，而是高明地展現生意手腕，親自去向統營商以低廉的價格買到上等漁獲。新鮮食材、令人驚豔的美味以及親切的服務態度，夫妻倆的壽司店接連開了好幾間分店，光是分店帶來的淨利就替總營收增加了超過百分之三十，口碑好到韓國三大百貨公司都盛情邀請他們入駐。

其實，兩人並不是從一開始就在一起的。這段緣分的起源，是從原本獨力經營壽司店的老闆、錄取了後來成為丈夫的工讀生開始。雖然老闆擁有超水準的料理實力，但個性怕生，實在不太適合做生意。反過來說，平易近人的工讀生倒是非常懂得送往迎來。兩個領域的菁英相遇，自然不可能不彼此加成。互補的年輕夫妻，順利提升了彼此的運勢。

另一個類似的例子，則是開發了遊戲《天堂》的 NCsoft 總裁金澤辰。起初，他靠著僅僅一億韓元的資本額創立了一間小公司。與現任妻子結婚後，夫妻倆共同經營，聯手將規模擴展得愈來愈大，像是致力於開發人工智能等領域，都是將雙方的專業結合、產生了加成作用。此外，這間公司也在不同的領域創造紀錄，比方成為韓國首間擁有職業棒球隊的企業。

「合」就是這麼重要的事。換句話說，光是懂得發現貴人，便足以改寫自己的人生。只是，雙方創造出來的結果不一定是財富。人們口中的「美滿婚姻」往往都得受人評議，但若是生活在同一屋簷下的當事者自認很幸福，旁人又憑什麼說嘴呢？

假如是在單親家庭中孤單成長，或許會因為心理上渴望安全感，而將賺得少卻能時刻守護在自己身邊的對象視作生命中的貴人；相反地，對於將金錢當作人生首要價值的人而言，事事積極理財的對象才是貴人。因此，判斷「嫁／娶得好」的標準，終究是在「自己」身上。

我經常對那些期望嫁／娶得好的人這麼說：

「如果想要遇上自己生命中的貴人，請先成為別人的貴人。」這才是真正通往美滿婚姻的途徑。千萬不要只想著當接受的一方。站在灰姑娘的立場固然很好，但對王子來說卻不是一樁好生意，婚姻不是相生，而是相剋。對方是不是好對象，請永遠以自己為中心去判斷，才不會活在他人口中的婚姻裡，而是真正自己評估過的婚姻。」

彼此結合而加成的關係，是對任一方都不存在得失的平等交往。這也是男女結合彼此運氣的致富辦法。

不要被別人搶走能量

人即是「運」，也是「富」。近來，人人都能輕鬆聯繫上來自世界各地的任何人，而你我也都拚了命想要藉此擴展人脈。主張認識的人愈多愈好的人，會像章魚腳似的抓住所有有辦法取得的聯繫方式，而主張只與對自己有幫助的人往來的人，則會將身邊的人劃分為不同等級。

這的確是值得深思的問題。認識愈多人，真的對自己愈有幫助嗎？那些投資過最多時間與心力去交往的人，真的幫助了自己嗎？

救了路上跌倒路人一命的，大多是素未謀面的陌生人；遭逢重大災難時，伸出援手並給予安慰的，往往也都是初次見面的鄰人。人生在世，意料之外的緣分反而比既有的緣分更常帶來助益，我們將它稱作「幸運」。既然如此，決定貴人的運氣，究竟從何而來？

*

已經花了好幾天了。建設公司的幹部J，要與負責大樓重建案的某位高層打交道，正抱怨著解決不了訂單的問題。

「唉，好像要再加把勁才行……」

「您看起來很憂慮呢。」

「對啊，公司的未來就看這筆訂單了。一下子看起來行、一下子看起來又不行，完全搞不定。做得好的話，一筆大單就夠了，但對方的態度一轉身就徹底變了。」

說完這番話的J，愁容滿面。我很想幫他。拯救一間搖搖欲墜的公司，實際上也關乎著所有員工的生計。

J苦惱地不停翻閱著手機行事曆，計算下一次與客戶高層碰面的時間。

我輕聲地問道：

「您已經盡力了吧？」

「嗯？」

「我覺得您對對方好像已經全力以赴了。」

「當然啊，因為我無論如何都要簽到這張合約。」

根據J的說法，有意爭取的可不只他的公司。目前至少有三、四間建設公司正在想辦法搞定這位高層。起初，對方似乎比較傾向與J的公司合作，但因為最近愈來愈頻繁地接見其他公司，合約開始不那麼十拿九穩了。天秤一旦傾斜，是不可能立刻出現解答的。我決定向J提出一些日後對扶持公司有幫助的建議。

「您接下來必須多用點能量才行。」

「嗯？什麼意思？」

「多數人察覺不到，什麼人是會為自己帶來好運的貴人，所以才會經常犯下到處消耗能量的錯誤。尤其是帶著特定目的時，還會消耗更多能量，因為一開始就打定主意要從中獲得些什麼。可是，我們不可能對所有人都傾注相同的能量，這樣只會耗盡所有的能量。因此，努力固然必須，但千萬不能將百分百的能量統統投進人際關係裡。適可而止，是相當重要的關鍵。期待，也需要很龐大的能量，一旦對對方感到失望，情感上也會產生很大的損失，就算是能長遠發展的緣分，也會立刻畫下句點。所以，請在不過度消耗能量的前提下，首先……」

「老師，我明白了，我會試著照做看看。」

我建議J，適當投入目前處理的訂單就好，但必須對找上公司的其他客人給予一視同仁的公平待遇，而且不帶有任何目的或意圖。

*

當時還剩下六個月的期限。J按照我的建議，開始不以業績或金額為前提去接待所有客人。哪怕是再小的工程，或是與簽約毫無關係的提問，也盡可能給予親切、公平的服務。由於心理上沒有消耗過度的能量，在不感疲累的狀態下散發出來的親切都是發自真心。放下執著後，壓力也減輕了。他不再對合約患得患失，就算最後簽不成也無所謂了。

除此之外，他也沒有忘記對那些遠道而來的客人保持最基本的感謝。公司就這樣靠著承包一些小工程，勉強延續了一段時間。

過了一陣子，一位身穿破舊外套的六十多歲老人上門詢價。光從他的裝扮判斷，就覺得應該跟訂單或合約沒什麼關係。儘管如此，J依然對老人展露笑顏，並遞上一杯咖啡。長期從事不動產仲介的老人，輕描淡寫地問起了一間沒什麼利潤的店面搬遷問題。一聽完施工費用說明後，老人立刻露出相當驚訝的表情。

施工報價太貴了呀！老人為難地搖了搖手拒絕。這一切都在意料之內。或許是為自己諮詢了超過半小時，感到有些抱歉吧？打開建設公司大門準備離開的老人對J說：

「真的很不好意思……但我之後會介紹其他認識的人過來。」

J笑笑地說「沒關係」，送走了老人。

不久後，老人真的介紹了一個人過來。沒想到對方是當地持有數間小型聯排透天厝與雙拼別墅的知名屋主，J也意外地獲得一份價值數十億元的住宅區工程合約。

起初竭盡所能爭取的公寓重建工程案，最後落在一家堪稱以靈魂款待對方高層的公司手上。不過，J反倒認為自己贏得了真正的勝利，畢竟他只靠著親切笑容與輕鬆的心態在工作而已，就拿下利潤高得超乎想像的合約。

*

日常生活中，你一定見過不少人痛訴著「被人從背後捅了一大刀」、「我沒辦法相信任何人」、「到底是對對方多好，才讓他／她這樣為所欲為？」發生在投資、生意等與金錢扯上關係的地方。

然而我們不妨思考一下：會不會握有主導權的人根本沒有任何想法，而自己卻自顧自地想得太多了呢？耗費多少心力在對方身上，也意謂著要投入多少能量，假如對方沒有按照你的意願行動，最終不過是在浪費能量罷了。

歲末年終之際，父親直到過世前都會收到一張來自車商的賀年卡。只是對方的無數顧客之一，過往甚至會親手寫信來的這間車商，數十年來從未改變，始終用著同樣的方式關懷顧客。事實上，內容也大多千篇一律。

僅是一行「祝您度過有意義的一年，萬事如意」。再平常不過的問候，根本不需要費什麼工夫，自己的姓名卻像特地量身打造的烙印般深刻。買完東西後便不太更換的父親，後來也沒有其他大額的消費，但即使在購車後的十多年間，父親與對方早已沒了聯繫，車商卻從未停止捎來問候。

年華似流水，不知不覺已經到了必須換掉開了十七萬公里路老車的時候。神奇的是，父親竟主動聯絡了平常完全沒有想起過的對方，並且換了新車。坦白說，對車商而言，父親並不是什麼潛力客戶，對方不過是一視同仁地給予父親相同的對待罷了。只是這位意想不到的客人，倒也為對方捎來了好消息。

心存期待的對象，往往不是真正帶來好運的那個人。那些從未期待過的人，反而才是天上掉下來的禮物。請盡量學會在與人交往時，調節自己的能量，特別是情緒能量，不要投入得太多或太少。當放下對目的的執著後，人生中意想不到的緣分自然就會為我們帶來幸運。

「貴人」的有效期限

各位是否聽過「九流術士」呢？這裡指的是朝鮮時代精通特定技術的九大職種，共通點則是大多是沒有權力或社會地位的人。以當時來說，是用來稱呼卑賤職業的。

從一流到九流僅是一系列的數字，而非等級。首先，一流指的是沒有官職的儒生，基本上就等於現代在準備公職考試的人；二流是從事醫術的人。三流是風水師，四流是算命師，五流是繪製牆壁或梁柱圖樣的畫工，六流是看人面相判斷運勢的面相師；七流是僧侶、八流是冥想的修行者，九流則是演奏玄鶴琴或伽倻琴的藝人，也就是現代的演員或歌手。在這裡面，有幾個值得留意的職業。

首先是「醫師」。儘管當時被歸類在需要整天照顧病患的3D職業[1]，現在卻成了令人羨慕的高收入專業。藝人也是如此，就像俗話說花柳界[2]與演藝界只有一線之隔，兩者確實存在相似之處。

即使到了現代，人們也不會樂於湧向辛勞、困難的工作，反而一窩蜂地選擇能夠輕鬆賺錢的職業；換句話說，人無貴賤，真正存在貴賤的是職業，只是職業的價值會隨著時勢出現變化罷了。

人也是如此，會隨著「時勢」改變。上一秒的良緣，可能下一秒就變成了

---

1 譯註：指稱 Dirty（骯髒）、Difficult（困難）、Dangerous（危險）的職種。
2 譯註：指稱煙花之地、聲色場所。

孽緣；有些緣分細水長流，有些緣分卻是說斷就斷。我在各種絕處逢生的境況中，親眼見識過不少次象徵世事緣起緣滅的時節因緣（就是一切緣分皆有特定時節）。

*

某年初夏，五十多歲的企業家L正在準備地方補選，而P跟他則是相識長達三十年、打從一起就讀外縣市國立大學就結成的摯友，兩人的友情從大學畢業一直持續到出社會後。

L是知名電子零件製造業者，P則在小型貿易公司上班，兩人就像是彼此互補的靈魂伴侶。一起在小地方長大，他們的情誼只隨著年紀的增長而變得愈加深厚。

不知不覺到了退休年齡的L，向P提議——利用各自在公司獲取的情報與經驗，一起創業。也想開創第二人生的P，爽快答應了朋友的邀約。

兩人生意上的默契也是絕佳。不過，Ｌ其實還有另一個夢想：等手上的事業取得某種成功，他希望能用企業家的身分進軍政壇。

人生座右銘是「劍及履及」的Ｌ，向來有令人敬佩的執行力，在不斷地與技術、行銷領域的頂尖專家會面與努力後，終於達成了年銷售額百億韓元的目標。認為公司的營收已經逐漸上軌道，Ｌ決定辭去董事長一職，並表達一直以來的從政夢想。Ｐ自是全力支持朋友的決定，感覺更像是與對方並肩跳進了這場選戰。

或許太過相信彼此，反而變成了毒害吧？Ｌ在籌備選舉期間，裡裡外外不斷傳出各種雜音，從貪污到賄賂，名字頻繁出現在各家媒體上，後來甚至連累了他的合夥人Ｐ，兩人共創的事業也因此面臨危機。在Ｌ被揭發的事情當中，有不少連Ｐ都被蒙在鼓裡，為了配合調查，Ｐ有段時間還得經常上警局報到。各種混亂的傳聞也讓公司股價在調查結果出爐前大跌。

兩人的友誼自此生變。最重要的是，得知合夥人做過的非法勾當，實在很難再與對方保持既有的關係。「該原諒嗎？還是不該原諒？」最後，P認為自己不應該只考量個人，也必須考量公司存亡並穩定員工軍心，決定與老朋友斷絕關係。

後來，L當然也在那場選舉中落選了。P儘管心痛，但就結果來說，他的確做了正確的選擇。假如當初為了顧及友情而綁手綁腳，並且繼續維持這段關係的話，結果會是如何？出現裂縫的信任很難修復，而整間公司也會因此變得岌岌可危。

P最後終於洗刷了貪污嫌疑，獲判無罪。正因P果斷結束了變質的孽緣，公司才得以擺脫劣勢，重新轉虧為盈。

*

這不單純是兩人友誼決裂，只是P與L之間緣分已盡罷了。當他們仍是大學同學、鄰居、同事時，並不清楚這樣的一天會到來，直到某個時間點，才意識到彼此的價值觀已經變得太不一樣了；被發現與貪污、賄賂扯上關係的L，與一輩子追求實踐公平、正義的P，人生方向顯然不一致。既然無法再為彼此帶來正面的影響，盡快結束有效期限已到的緣分才是上策。

情侶關係也是如此。有對男女朋友一起為了就業做準備，結果女友錄取了，男友卻落榜。即使對對方的愛不變，但沒能被錄取的男友卻無法停止抱怨。女生也曾試著安撫男友，可是對方低落的情緒卻完全沒有好轉的跡象。過了一陣子，這種低落演變成自卑。兩人之間的鴻溝擴大，愈來愈難聊上話，吵架次數也愈發頻繁。

如果彼此選擇引領對方一起走出那段陰鬱的時光，一切自然可以如常發展，但如果始終無法縮短雙方的差距，只是不停給對方的人生帶來負面影響，那麼兩人的緣分就到此為止了。假設兩人交往了一百天，結果超過六十天都在吵架，基本上就可以看作是「緣分已盡」的警告信號。很遺憾，不過是時候重新思考一下彼此的關係了。

無論是父母、朋友、同事間的關係都是如此。每段時期都存在適當的貴人，當我們與貴人的緣分已盡，就必須欣然地送他們離開，日後才能迎來新的貴人，並藉由新的緣分為人生開啟新的篇章。

愈付出愈痛苦的恩惠

被譽為「國民ＭＣ」的節目主持人劉在錫，不僅深受男女老幼的喜愛，還非常有人望，不少前輩、後輩都視他為模範，他的付出也超乎常人的想像：掏出鉅額禮金幫助經濟困難的後輩舉辦婚禮，或是貼心地幫被冷落的節目來賓爭取鏡頭等等。既然這麼受歡迎，想要找他合作的人自然多如牛毛，所以當大家總說他坐擁數百億韓元資產時，或許真的不只是傳聞。

知名創作歌手IU也是如此。每逢重要節日，她都不會忘記合作過的人，並一一給他們送上禮物。不少人都曾公開提及這些貼心之舉，可見她是多麼珍惜人與人之間的緣分了。

來自藝人們的各種善行與佳話，有時聽起來甚至就像他們的成功公式似的。雖然他們不是靠著做善事才成功，但成功的人卻似乎比較願意關懷身邊的人，以及回報他們得到的厚愛。許多人在豎起大拇指讚賞他們的同時，也從這些人的言行裡獲得啟發。

「我也要多付出」、「原來就是要像他們這樣才會發達」。當人用心付出時，勢必也會迎來不一樣的運氣。可是，這並不意味著必須一直無條件地付出，有時這麼做非但不會使人生變得更好，還有可能招來不幸。

＊

「很奇怪，我就是存不了錢，明明也沒什麼在花錢……」

朋友S老是在抱怨自己沒錢。眼看著坐在自己隔壁的同事笑咪咪地談起自己的定期存款終於存到期了，S卻只能嚷嚷著自己仍是個窮光蛋。明明兩人是同天到職、領著同樣的薪水，自己也沒什麼奢侈的花費……為什麼手中就是留不住錢？

過沒多久，我才明白為什麼S分明有穩定的收入，卻一年有三百六十五天都在經濟困難的泥淖中掙扎著——是S的「人」有問題。

S生性樂於付出，心情好的日子，從不婉拒請人吃大餐，也經常用心準備家人與朋友的生日，舉凡升職、搬家、畢業、入學等，無論親朋好友有任何喜事，她都會慷慨地送上星巴克禮券，每個紀念日也都會毫不吝嗇地送給男朋友名牌皮夾或衣服、保養品等等。

可是S對自己卻極度節省：連一本書都捨不得買、寧願站在書局看完需要的那一頁；化妝品也只用參加活動獲得的免費贈品。

問題就在於S沒有把錢用在自己身上，而是一味往外拋撒。我告訴S，「過度付出」就是她的問題，每天只顧著給予他人，永遠不可能致富。假如S十分享受付出的生活，也因此覺得幸福的話，當然無所謂，但問題是現在她不停地抱怨自己明明很認真工作，財富卻一直不翼而飛。

前文提到國民MC送出了幾百萬韓幣禮金的故事，原因不在於他是知名的搞笑藝人，而是因為他是有錢人。換作是像S一樣月薪兩百萬韓元的平凡上班族包了巨額禮金？她可能早在聽見「好大方」、「人真好」之類的評價前，就已經變成坐在街邊的窮光蛋了。假如S願意把往外花的錢用來投資自己，並順利致富呢？是不是就不必再為存款的餘額煩憂，還能盡情付出呢？

這裡並不是教人不要為他人付出或鼓吹吝嗇，而是必須懂得付出也該有「順序」，唯有根據順序與情況合理地花錢，才能聚積運氣。

微軟創辦人比爾・蓋茲最近公開表示，自己將會捐贈兩百億美金。數十年前，他就已經為了解決氣候變遷與貧窮問題等做了不少捐贈。從比爾・蓋茲成為超級富豪後，便開始積極捐贈這點，即是他擁有鉅額財富的證明之一：在成功之前，百分百投資自己，而於累積財富至一定限度後，開始歸還財富。

簡單來說，就是富人都相當清楚該如何投資、收穫的成果，與分享的時機點，無論是國民 MC 或當紅歌手都深諳這個道理。

有些人就算當下自己已經一窮二白了，也依然努力地為周圍的人付出。你見過這樣的人致富嗎？大概沒有吧。相反地，倒是有很多人是在致富後才開始努力付出：當生活達到一定水平，自然就可以不受處境或金額的限制，盡情地付出。

*

在「分享是福」這句話之前，其實隱藏了另一句意味深長的話——即是分享必須建立在「擁有夠多時」的先決條件上。那些動不動就請別人吃飯、喝咖啡，卻不把錢用在自己身上的人，往往非常吝於花費時間與金錢學習。既然連一毛錢也不願意投資在自己身上，當然不可能成為少數的富人。

在自己匱乏時分享，也不會快樂，反而只會讓生活變得更加痛苦。運氣就像感情一樣，沒辦法分割，等到自己有一定能力後再去分享也不遲。

因此，假如決心要成為富人，首先得要為自己付出；假如手頭上有錢，先得要投資自己。把一分一毫都省下來用在自己身上，才是靠節省致富的最快方法。

再親近也必須隱藏內心話的原因

「想要實現夢想，得先想盡辦法讓所有人知道這件事。」

這是經常出現在自我啟發類書籍的內容。愈是渴切盼望的夢想，愈該積極昭告天下，無論是透過文字或話語都好。即使聽見消息的貴人不會立刻現身，但也可能突然從某處伸出援手，提供出乎意料的開運機會。

然而，事實上真是如此嗎？敲鑼打鼓地將自己渴盼的夢想輕易告訴這個不知道可不可信的世界，真是好事嗎？

*

X、Y、Z是從小一起玩到大的三個好友。在一間小公司上班的X與Y，基本上沒有什麼特別的夢想。相反地，Z卻對致富實非著迷，他想要成功，立志進軍演藝圈。

比起靜靜坐著的文職，需要活動的工作更適合他。他百分百善用了自己喜歡與人交流、活潑的性格，決定先從成為藝人的經紀人開始踏出第一步。

當時的他才二十出頭，眼前多的是機會，Z也向另外兩個朋友坦白了自己的夢想。然而，每當他談起這件事，換來的往往是責備，而不是支持。

「拜託，你要當什麼經紀人啦，醒醒吧！」

滿滿的負面回應。不，更像是嘲笑。他們非但不幫忙，甚至還把負面的道聽塗說丟給他：「這工作沒有前途啦」，「聽說經紀人的薪水超低」，「不是說連週末也沒辦法休息嗎？」十之八九都是毫無根據的捏造。不過是些常聽的口耳相傳，他們卻認為相當有指標性。

動不動就聽見這些回應，Z也逐漸變得氣餒，一天內就會冒出數百個問號，自問「我真的適合走這條路嗎？」「會不會只是夢一場？」最要好的朋友只顧著阻礙他，別說能幫什麼忙了。失望透頂的Z，開始過著日夜與酒精為伍的生活。

可是他還沒有放棄，而是決定在真正實現夢想之前保持沉默。

「現在還不是時候。暫時先把真實的想法藏起來吧。」

一過完年，Z立刻前往首爾。面對當時完全不熟悉的經紀公司，他一間一間地敲門拜訪。起初，他被分配到的工作大多是像接洽來賓、試鏡之類的職務。後來，一心想要實際到現場參與的他，很快就轉換跑道，當上新人歌手的經紀人。這是他第一次正式接觸經紀人的業務。

直到這時，他都不曾向朋友透露自己究竟在做什麼工作，也打算繼續隱藏將來更遠大的夢想，只為了不想再被各式各樣的冷水或冷言冷語動搖。

慢慢累積職涯經歷的Z，現在已經與無人不曉的大明星們一起工作了。隨著他在業界的經歷愈來愈深厚，年薪更是呈直線上漲。認真負責的工作態度，當然也獲得不少同業的肯定，尤其是那些曾與他合作過一次的演員們，都給予「希望能長期合作」的正面評價。即使藝人在合約到期後選擇離開公司，Z依然會與他們保持聯絡，並送上誠摯的支持與關心，共事過的藝人對Z的人品更是讚譽有加。

最後他靠著在業界長久累積的信譽與經驗，創立了夢想中的經紀公司。儘管草創時期旗下僅有兩、三位藝人，但靠著緊密的紐帶關係，不少人甚至不在乎簽約金多寡，都選擇投到這間公司旗下。在Z的細心照顧與支持下，他的藝人也好運不斷。默默地，他已是年收數百億韓元的頂尖經紀公司負責人。Z終於能夠自信地向朋友們談論自己的夢想了——因為現在再也不是實現夢想之前，而是夢想實現之後了。

*

人們比想像中更不在乎你的夢想或目標，反倒是忙著為了各自的日常而操煩著。

換句話說，身邊的人大多沒有能力或餘力為你的成功、致富提供任何必要的高級情報，即使真有什麼實用的線索，他們也不太認為需要特地與你分享——因為人永遠都把自己擺在第一位。因此，無論你我口中談論的未來多麼燦爛美好，從他人那裡得來的情報終究有限。

再說，時代已經不同了。任何人只要透過「搜尋」，基本上就能輕易取得、確認絕大部分的資訊，所以實在沒必要非得不懈地到處宣傳自己的夢想。錯誤的謠言與無謂的干涉、囉唆都會打擊士氣。對於不是自己的事，人們總是能不經思考地隨便議論，結果只會演變成眾人對你的夢想指手畫腳的局面。

此外，嫉妒心也不少；這在演藝圈尤其常見。畢竟這是份靠運氣與人氣維生的職業，自然很難坦然接受他人的功成名就。事實上，他人提供的建議往往是無益遠勝於有益。

有時「韜光養晦」，好好藏起刀鋒的光芒，靜待時機到來更重要。不要隨便袒露自己的內在，慢慢累積實力，等到最佳時機去攫取自己真正想要的成果。

靜待屬於你的光芒。開車時，一旦陽光太過刺眼，自然就會看不清前路，連平時覺得和煦的陽光也變得討人厭起來。人際關係亦是如此。當一個人過度展現才華與野心，稍有不慎就會招來怨恨與反感，成為他人的眼中釘。

既然如此，在實現機率達到百分之九十之前，盡量先藏起自己打算實現這件事的想法，免得所有正朝著你而來的運氣，在你開口的瞬間、應聲消散。旁人只能給予些許的幫助，自己才是那個真正付諸行動與實踐的人。

因此，用行動說話吧。富者都懂得將心思像影子一樣好好藏起來。

不要輕易袒露內心。
人們往往會透過一個人外顯的情緒去推測他的想法與行動。
因此，再沒有什麼比隱藏內心來得更實際的智慧了。
老是在玩牌時攤開自己手中底牌的人，
過不了多久就會失去擁有的一切財富。
以謹言慎行擊退旁人的好奇心。
當旁人執意刨挖你的想法時，
就像隻噴灑墨汁的墨魚藏起想法吧。
讓其他人永遠無法清楚與預測你究竟擁有哪些喜好與特徵。
因為一旦被人看穿了你的本質，
別人就有機會濫用這個部分來擊潰或奉承你。

——巴爾塔沙・葛拉西安（西班牙哲學家）

為什麼富者們逢年過節都會祭祖？

聽見自己持有的農地即將因為都更計畫獲得四十億韓元的補償金後，老爺爺的嘴角揚起一抹微笑。雖然這些家中代代相傳的土地，也是身為五兄弟之一的他繼承來的，其中卻只有老爺爺持有的土地價值一口氣翻了數十倍。

老爺爺的父母將土地平均分給五兄弟。遺產分配得很公平，沒有任何人覺得委屈或不滿。

明明都是土地，結果卻天差地別，其他兄弟們繼承的土地完全得不到青睞——一般來說，贈與的土地大多位在鄉下或偏遠地方，只要沒有投資價值，基本上就是閒置土地。

偏偏只有老爺爺的土地例外。當都更的消息隨著區域均衡發展計畫一傳開，不少人聯繫了老爺爺，表示想要買下他手中的土地；老爺爺持有的土地價格水漲船高。當我問起老爺爺關於突然走運的祕訣時，他說：

「我就只是每天都會去趟祖墳而已。」

我聽不懂。「現在都二十一世紀了，老爺爺到底在說什麼？」耐著性子聽完老爺爺的解釋後，我終於恍然大悟：這是「空間」與「人」之間一直交流著的、錯綜複雜的象徵。

*

網路新聞的娛樂版每年都會出現相同的內容——嫁入某企業家族的前知名主播，身穿華麗翡翠色韓服出席祭祖儀式的景象，無論經過多少年也似乎沒有改變。

於是，問題來了。沒有任何一個知名的家族企業會錯過重要節日的祭祀；大多數的政治人物也是如此。就算沒有實際的祭祀活動，每年也都會齊聚所有家人一起前往祖先的墓地，或是特地在選舉前夕去趟祖墳，打理致意一番。

農曆新年與中秋團聚，是一個家庭每年的例行活動。根據七世紀某部中國史書的記載，皇帝每年都會於農曆正月初一大開筵席，而這就是新年的由來。中秋節的起源也差不多。在農曆八月十五的滿月之下，透過豐收展現將來會好好吃飯、好好生活的決心。

再往上一層，這些重要節日都是團結一家人的聚會，當然不能只有在世的人們享受，也要緬懷祖先、加以祭祀。起初僅僅是為了讓在世的人們團聚，祭祀的時間或形式並不是太重要，重點在於表達對祖先的感懷，以及追念家族的根源。

這就讓人很好奇了：為什麼家族企業要特地替祖先挑選風水寶地？其中有什麼你我不知道的原因嗎？

我差不多是在去年（二〇二二）的這個時候，搬到號稱韓國第一豪宅區的平昌洞。這裡被譽為「首爾福地」，依著陡峭雄偉的北漢山，傍著一路向南延伸的漢江，典型的背山面水地勢。這塊地散發的能量也與眾不同，甚至有傳聞說，這裡岩石山的山勢險峻，散發的能量太過強大，氣場弱的人進入往往落得非死即傷的下場，因此這裡一直是企業領袖與氣場強大的藝術家雲集、成名之地。駕駛平昌洞循環線公車的司機甚至開玩笑說：「在這裡連副董事長的名片都拿不出手啦，至少要董事長等級才有辦法住這裡。」

其實，富豪聚集的地方可不只這裡。位於漢南洞的 UN Village，也是許多知名藝人與企業家首選的居住勝地之一。打從漢南洞剛開始竄升成為豪宅區，這裡就不是富豪生活的空間，而是人們為了致富才住進來的地方。據說只要承受得住這塊地強大的能量，就能成為更厲害的富豪——但萬一承受不住，非但身體會開始出狀況，連原本順利的生活也會保不住。實際上，包括平昌洞在內的幾個豪宅區，都能不時見到富豪因為走運，搬到了更好的地方。

即使對一塊地的能量完全不了解，多數人一定有過類似的經驗：有些地方，無論任何商店進駐，最後都只有倒閉的命運；相反地，有些地方就算進駐的是再普通不過的商店，也可以做得風生水起。

不光是經商的店家，日常生活的地點同樣會受到運氣影響。就像生活在水裡的魚一樣，人也生活在能量的海洋裡，假如這片海洋與自己的能量相融，運氣自然就會變得不一樣。風水基本上可以分為陽宅與陰宅，但簡單來說，我們住的地方就稱為陽宅，而祖先住的地方則稱為陰宅。

*

我們不妨重新回到大地主老爺爺的故事。空間，即土地，也是孕育萬物、使其成長的根基。任何人都不可能獨力從一顆蛋裡蹦出來，一定有生育自己的父母。同時，也不會有人想要遠離或害怕自己的祖先，夢見祂們時往往還覺得很開心。當然了，最好過世的阿嬤可以來托夢，預告下期樂透的中獎號碼。

替過世的祖先選擇風水寶地，意謂著一個人重視自己的根本，因此也可以延伸解釋為對自身的重視；換句話說，光是想替祖先選一塊好墓地，就足以為自己打好根基，進而帶來好運。

對於前文提到的老爺爺，過世的父母又更特殊了。雙親一輩子務農，為了兒女操勞，老爺爺十分孝順他們。對他來說，養育自己的父母就像他的半條命那樣珍貴，每年過年，老爺爺都會前往父母的墓地行禮，表達對他們的尊敬與思念，並且祈求雙親保佑自己事事順利。

每逢重要考試或面試的日子，很多人應該都說過這樣的話：

「媽，幫我祈禱今天考試順利。」

當你我置身緊急情況，多少都曾下意識地想起自己的父母吧？錯綜複雜的人際關係中，家人往往是我們最依賴的部分。對血緣的依戀，是每個人與生俱來的本能，但這裡並不是要求各位，將祖先視作什麼特別的對象，而是不妨試著一起向自己最能信任、坦白的祖先祈求事事順利。

家族企業也是如此。說不定正是因為他們願意整個家族聚在一起、同心一意地祈求，才得以匯集到整個世界的好運。

祖先，是我們的根，我們的本，再沒有什麼比永懷祖先更適合用來展現對自己的珍視了。**愈是看重自己的人，愈能成為舉足輕重的人物。**用心孝敬祖先，替祖先挑選一個好地方就夠了，這也就是富人將招來的好運據為己有的一種智慧。

人緣也是熟能生巧

什麼會成為運？什麼會成為富？仔細想想，再沒有什麼比「人」更好了。人無法離群索居，即使在相同條件下、付出相同的努力，往往也會因為遇見不同的人而徹底扭轉人生。就像我會因為見了什麼人而改變態度、因為去了什麼場合而轉變心情一樣。

確實有桃花運特別強的人。隨時隨地都能靠著援手順利向前的幸運兒，即我們口中「人緣好」的人。那天，恰巧與人緣很好的「他」重逢了。

*

二〇一二年冬天。當時的我正在讀大學，在江南一帶開了間咖啡廳。這不是單純為了摸索的創業，而是因為我想要好好多賺點錢，然後好好花錢。「生意」起初稱得上相當穩定，當月營業額逐漸升高，我到校上課的次數也開始變少，計算著這樣下去，分店應該可以一間接著一間地開吧，想要賺大錢的野心也日益茁壯。我甚至想過「乾脆直接休學，改變職涯規劃」吧？忽然間有人擋在了我眼前，找上了我。是一位教授。

「到了四十歲都還可以做生意，你應該選擇這個年紀該做的事。你不覺得這樣才是聰明的生活方式嗎？」

「教授，我不覺得。而且我已經決定了。」

「一旦過了二十五歲，你就當不了ＰＤ了。在一切變得太遲之前，趕緊回頭吧。」

「我很確定，應該不會改變了。」

「試著踏出一步就好呢？只要再相信一次，再試一次就好。」

「可是……我會再仔細想想。」

糊里糊塗地結束那次對話後，教授也曾直接到店裡來找我。只是，教授怎麼也動搖不了這個固執的年輕學生，因為每年來自電視台的落榜噩耗，聽起來就像是有人使盡吃奶的力氣對著我喊：「你註定當不了ＰＤ！」我實在不想回到現實。連錄取率僅千分之一的記者考試，都讓人感覺像是遙不可及的海市蜃樓。

教授前後總共找了我三次。假如教授只來兩次的話，我大概就會全心全力投入賺錢了，根本不可能成為製作人。雖然直到現在想起來，才覺得教授是我的再造恩人，但也很訝異：當時教授為什麼堅持想說服我？夢想進入電視台的人多得是，到底為什麼非得去找一個準備離開校園的學生呢？

再也忍不住好奇，我決定直接去問教授。

「教授，當時您為什麼一直要我回學校？」

「好奇嗎？」

「對啊，我實在不明白，您為什麼特地大老遠跑來，想盡辦法說服我？」

「因為你是人緣很好的人。」

「嗯？人緣？」

就在那天，我從自己的人生貴人口中聽見一段有趣的故事。教授說，在他幾十年的人生中，只要時機一到，就會有人出現並且給他適當的幫助。他認為自己能夠發展到今天，全該歸功於「人緣」。

「可能我考試運不夠好吧，所以我是先從外縣市的地方電視台開始做起。不是只有現在這樣，當時首爾的電視台，也不是隨便人想去就能去的。但我想要挑戰多樣化節目的野心，當然一直沒少過。有天，某個在首爾工作的前輩突然打電話給我，沒頭沒尾就叫我先上來首爾一趟。心想著『幹麼找我？不知道我很忙嗎？』到了現場才發現，是綜藝類部門在面試有相關工作經驗的ＰＤ。就是那次被錄取了，我才上來首爾工作。前輩就是我人生的貴人。」

巧合的是，教授如奇蹟般的緣分可不僅止於此。

「故事還沒結束。我也遇到值得信任、幫得上忙的同事和拍攝團隊，所以託他們的福，每次負責的綜藝節目都會爆紅。當然我也在不知不覺間上了年紀。通常只要到了一定年紀，就算是ＰＤ也逃不過以人事改組為名的打入冷宮。當時我想，原來自己的人生巔峰期就到這裡為止了。剛好就在這個時候，有人向我推薦了大學的教職。這個時機實在太湊巧了，於是我又抓緊了貴人伸出的手，現在才會在這裡教你們。我只是沒辦法一一列舉而已，不然說真的，我這輩子從來沒有靠自己的力量完成過任何事，每次都是握著別人的手走出一步，然後又握著另一隻手走出下一步。就這樣，一步接著一步往前走。這好像就是我的人生。」

「這就是您拉我一把的原因嗎？」

仔細想想，我自己也有類似的經驗。當我放下成為製作人的夢想時，是靠著臥起教授的手才實現了這個夢想。後來，又有人對我伸出手，提出挖角的建議。

「柳ＰＤ，你有沒有意願和我合作看看？」

製作韓國首個選秀節目的ＴＶ朝鮮，派出他們的高層、韓國電視圈無人不曉的王牌製作人，向我遞來了橄欖枝。如此位高權重的人突然邀請我參與帶狀節目……絕對是大好機會。

我當時剛離開ＳＢＳ，慎重地拒絕了。一來是製作電視節目的心理壓力實在太大，二來是生意很有起色，自己暫時還沉浸在享受收入增加的樂趣中。

幾個月後，對方再次打了電話給我，而我決定放下一切、勇往直前，因為對方開出了「想做什麼都可以」這樣史無前例的條件。在年齡等同資歷的演藝圈，全權交由年輕製作人主導的情況十分罕見。

＊

暫停一下。我依然沒有從教授口中聽到真正的答案——他為什麼要拉一個什麼也不是的我一把？

沿著嘴角而下的深刻法令紋之間，綻開了一抹笑容。教授開口說道：

「因為我看見了一些苗頭啊。我知道只要自己肯伸出手就能抓住你。我是靠著人緣活了一輩子的人，自然比任何人都相信運氣。既然我曾經因為抓住某個人伸過來的援手，那麼我也應該再去幫助下一個人。這樣，運氣才會再回到我身上啊。」

是啊，教授一直在累積自己的運氣。在別人的幫助下嘗過好幾次「運氣」的滋味，還因此買了車子與房子，順利得到財富自由。

因此，他比任何人都明白那是什麼滋味。絕對不可以隨便拋棄自己經年累月培養出來的好運，所以只要一有機會，便要適時適地撒下種子，懷抱著「如果能結出果實的話」也很值得慶幸的念頭……

話雖如此，倒也不是隨便就對人伸出援手。只有那些懂得如何穩穩抓住援手的人。表面上看起來像是付出，實際上一切終將輪回到自己身上。

這其實就像是某種機率遊戲：當教授接受了他人的幫助而功成名就，基本上就會回頭去提拔拉過自己一把的人；同理，曾經抓住教授援手的人，等到功成名就之後，自然也會再回頭拉教授一把。

值得成為自己生命中貴人的人，說穿了就是低於或高於自己的人。換句話說，曾經幫過自己的人或接受過自己幫助的人，很有可能就會成為你我生命中的貴人。

千萬不要抱著一切定會回到自己身上的期待。能回到自己身上固然很好，但沒有也無妨。重點只是不要浪費自己用不完的運氣，所以才選擇適當播種而已。總有一天會有收穫，畢竟，人生是不可能不靠任何人的幫助就順利度過。

成功人士就是靠這樣取得運氣的——準備為隨時隨地可能發生的好運與壞運抓住援手或伸出援手。對他們來說，人是果實，亦是財富。

・察覺生命中貴人的方法

富人通常不會隨便與人交往，無論是做生意或結婚，都會精挑細選對象，因為他們相當清楚「人」對運氣有極大的影響力。近來創下數百萬觀看人次的振動頻率影片也與這個道理相關。

就像電波、音波在一秒內能振動多少次那樣，人也有固定的頻率；情緒穩定時，頻率較低，情緒激動時，頻率較高。如同風一吹、樹木就會搖動般，難免受到他人，也就是情人或夫妻、同事、生意夥伴、朋友等一定程度的影響。所以單是遇上貴人，就能多少抵消身上不好的運氣，人生當然也會出現翻轉的可能。

找到貴人的方法，其實意外地簡單——只要一起吃頓飯就好。在運氣的世界裡，「吃飯」十分重要。在糧食不充裕的古時候，餬口是最急迫的問題，在命理學的領域裡，也會將「口福」等同於財富、富庶。因此，與一個人一起用餐，最能有效透過分享珍貴的福氣，去感覺對方的運勢。

有些人只要與他／她一起吃飯，就會覺得食欲大增、能量上升，有些人就算一起吃再美味的食物，也覺得味如嚼蠟、能量下降；有些人只要與他／她一起吃飯就感到輕鬆自在，有些人則會讓人在吃飯期間只覺得渾身不對勁。只要一起吃飯，就能像這樣迅速判斷一個人身上散發的運氣。

因此，如果想要了解一個人是不是自己生命中的貴人，不妨先與對方一起用餐。「找個時間一起吃頓飯吧！」這就是為什麼我們總會在商務會議或相親時提起「吃飯」這個話題了。

第六章

情緒的心理

為了避免被捲入命運之輪

THE PSYCHOLOGY OF LUCK

為什麼豪門總是悲劇不斷？

某天，我從當時在國內數一數二報社工作的前輩口中，聽見了令人震驚的故事。在電視圈打滾過，基本上不太會被一般的事件、意外嚇到……但家族企業的噩耗卻不同，彷彿一場絕不可能發生的不幸，降臨在向來獨享著富饒與安定的神之領域般。像是被人從背後捅了一刀。

「就是○○集團的老闆啊，他兒子昨天死了。」

「啊？怎麼會突然……」

「聽說是自殺。」

「可是……他們家那麼有錢，為什麼要……」

「暫時先保密。昨天集團打電話來，拜託我們先把報導往後延到喪事處理完之後。公司內部已經決定了，所以大家都不敢講。」

「天啊，真的不懂耶……」

「是啊。有錢可能真的不代表一切吧。」

知名企業的下一代就這樣離世。由於是死者在國外留學期間發生的事，所以來龍去脈與死因都還不明確。在當地倒是出現了不少傳聞，有人說是在嗑藥派對上服藥過量，也有人說是交了壞朋友才惹禍上身……一個個難以釐清的謠言偷偷地搔癢著耳際。

「沒人知道原因嗎？」

「當然啊，大家都不敢亂說話。」

「為什麼這些豪門總是悲劇不斷？」

「身在福中不知福吧。之前不是有部電視劇說過嗎？錢太少的人和錢太多的人的共通點，就是都覺得人生無趣。我是沒試過有很多錢，所以不清楚啦，但總之如果連那麼有錢的人都不快樂的話，或許財富和快樂真的沒有直接關係。」

擁有太多財富也會出事？難道與其當個超現實的富豪，不如做個腳踏實地的普通人嗎？可是照理說，擁有愈多財富，應該也會愈快樂才對……原來在此之前，有件事我一直都錯了，就是「財富的特性」。

*

大家總是會沒來由地對家族企業的故事感到好奇。有辦法含著金湯匙出生，堪稱是福中之福，尤其置身於像現在這樣的社會，更是人人稱羡的人生勝利組，無論是車或名牌，甚至連未來都是要什麼有什麼，得天獨厚。

可是，不妨讓我們想一想。不管是在國內或國外，那些「家族企業」、「財團」的世家，白髮人送黑髮人的悲劇也是屢見不鮮，只要稍微搜尋一下鼎鼎大名的集團與企業家們，幾乎都有著這麼一、兩段坎坷的故事。不僅如此，除了像是吸毒、酒駕等各種社會案件之外，還有家族間的不和與離婚、繼承糾紛，根本是家無寧日；一而再地上演不為人知的大小悲劇。

為什麼豪門總是悲劇不斷？為什麼命運總是如此崎嶇？踏入運氣的世界後，類似的問題出現過無數次，我一直想找出真正的原因，將形同枷鎖的命運拼圖一一拼湊起來、一口氣釐清所有問題的解答。不久後，長久以來困擾我的疑惑終於豁然開朗——是「業」啊。也就是因果報應（karma）。

每個父母都會將「基因」傳給下一代：包括成長環境、教育水平、經濟資源等許多層面。儘管不是自願得到這一切，但孩子們終其一生都擺脫不了這些代代相傳的、精神與物質層面的「因果循環」，而這就是「業」。尤其是當家族企業的接班人繼承了龐大的股份與資產時，也一併承接了財富蘊藏的業力。

財富的業力，既有善業，亦有惡業。子女可能因為父母造的惡業而遭受懲罰；相反地，也可能因為父母積的善業而享受果報。多數情況則是前者。財富既是由人類的欲望與意志栽培起來的，那麼這顆種子孕育出的結果，自然將無比沉重。

*

二十八歲時便創立製藥公司的企業家，看起來總是悶悶不樂。他在一九八〇年代開發出一款家喻戶曉的感冒藥，為國民的健康貢獻良多，因此順利成為賺進大筆財富的中堅企業第一代會長。這家實力雄厚的公司，銷售額甚至一度創下三千億韓元，乍看之下沒什麼明顯的問題。然而，隨著年紀漸長，許多人心底至少都會有一個不能告訴任何人的祕密。

「沒有一個孩子值得我信任、託付公司。」

從小在貧民窟長大，靠著送外賣賺取夜間部學費，會長基本上就是白手起家的當代成功典範。他將自己三十到六十歲的人生，統統獻給了開發新藥與經營製藥公司，不知何謂休假，沒有所謂興趣，靠著不停工作撐起現在的公司規模，並累積出一定程度的財富。公司順利上市，作為企業家，他也在各方面繳出亮眼的成績單。公司的根基既然打得如此穩固，最後只要將這一切傳給下一代，他似乎就能好好安享晚年。不過，這只是他單方面這麼想。

孩子們就不是了。父親一輩子都忙於公務，出席家庭聚會的次數一隻手都數得出來，一生一次的畢業典禮也不見父親的人影。在孩子們眼中，那樣的父親顯然不是個快樂的人，所以他們想的是：「我絕對不要活得跟父親一樣」。

他為了公司發展奉獻自己的人生，對孩子來說卻是個不及格的父親；反過來，即使孩子們在父親提供的生活中盡了最大努力，也始終得不到父親的信賴。不願意繼承公司的孩子，與不得不傳承公司的父母，問題由此而生。

*

家族企業通常在第一代大放異彩，第二代只要能守成，也就綽綽有餘，等到了第三代，往往就會開始出現危機。靠著第一代，也就是創辦人對成功的執著與鬥志，事業能順利地高速發展。然而，在富庶環境底下成長的二代、三代，則完全追不上上一代的韌性。富創辦人強烈想要維持既有的財富，二代與三代於是遭受意想不到的壓迫與痛苦；兩代之間的矛盾、反目，而無法化解的心結往往就會演變成為不幸事件。

難以承受災難般的財富，最終將他們捲入了疾病、毒品、桃色醜聞、自殺等各種崎嶇命運的漩渦。僅止於個人的不幸還算事小，弄的企業破產或動搖整個家族根本事大。財富的規模愈大，弊害往往也會愈嚴重。

解不開的財富業力，血淋淋地傳給了後代。就這個層面來看，靠自己打拚的富人，似乎比天生的富人來得快樂些。

始終找不到接班人的製藥公司，最後交由長子繼承。不樂意接下公司的長子，心不甘情不願地就任了。面對這樣的二代，公司裡年過五十的老臣們也出現意見分歧與反彈聲浪。

儘管大家都很羨慕「富二代」，但長子卻是打從骨子裡覺得不快樂。他繼承的不只是一間公司：必須對數百名員工的生計負責、守住家族的財產，還肩負公司未來發展的重擔。

業力，向來就像一輛無法停止的戰車。長子瞬間被拽進了對財富的憤怒與焦慮、壓力。不知為何，熟悉的命運羈絆似乎又重新上演了。

趕走財富的七種敵人

只要一直說自己很幸運，就有辦法真的轉運嗎？我接觸過不少自我啟發類型的書籍，都建議大家養成說自己好運的習慣。這麼做當然能達到自我暗示的效果，但「運氣」的改變倒沒有這麼簡單，不可能單純靠「用說的」就變成現實。就算是像我一樣了解運氣的人，也不會因為多說「運氣會變好」，運氣就會真的變好。

如果情況是反過來呢？假如是從他人口中聽到「你要開始轉運了」呢？我遇過的諮商者都一樣：站在人生岔路上的大家，一聽見猶如曙光的這句預告，就像手中突然出現了答案紙般快樂，異口同聲地說：

「老師，我會從今天開始好好生活！」

「突然充滿力量了，我一定會全力以赴！」

然而，實際付諸行動的人卻很少。聽完「轉運」的話後，真的卯足全力認真生活的人其實相當罕見。預知未來，往往也要面對這致命的反效果。

*

前輩的朋友、金融投資家K，工作是專門負責提高汝矣島證券街的股價。考慮在四十歲退休的K，準備為自己的人生鋪好另一條路，以便在結束操盤工作後也能繼續賺錢，所以決定開創新的事業。

或許要歸功過去的理財經驗，他不僅眼光獨到，也很有做生意的天分。首先涉足的生意是咖啡豆。由於當時正處在匯率低與內需市場氣氛活絡的時期，他果斷決定參與韓國國內較少見的生意。

K選擇直接進口來自巴西、哥倫比亞、衣索比亞等國家的咖啡豆後，以低廉的價格販售，一展他想主導咖啡市場的野心。他當然也很焦慮：「萬一一開始投入的一億韓元資本全部虧光的話怎麼辦？」每晚飽受失眠之苦。

然而，整體趨勢正朝好的方向發展。我在某個場合偶然遇到了K，感覺他即將得到一筆罕有的橫財，於是坦白地提出了一些建議。當時我也是希望他能順利，才誠實把自己對他運氣的特殊感覺說了出來。

「明年在事業方面會有好事發生。」

之後，他帶著一雙閃閃發亮的眼睛回家去了。

大約在一個月後，果真發生好事了。K的情緒平穩得彷彿什麼也沒發生過似的，連每晚折磨他的嚴重失眠也消失了。假設以十成來計算K平常的時間，基本上八成是用在不安與焦躁上，剩下的兩成才是付諸行動的努力；現在卻反了過來，不安與焦躁的時間只剩下兩成。

既然如此，多出來的時間理應瘋也似的動起來才對。既然已經正式宣布踏入市占率屬一屬二、國內企業穩坐龍頭的咖啡豆市場，接下來就該向非連鎖咖啡廳派送樣品，並強調自己的產品與其他產品在味道上的差異才對。不料，太過相信運氣的K非但沒有善用多餘的時間努力，一心只想著明年就要走運了，反而停下了所有衝勁。

心情變得從容後，他談起了戀愛。事業還沒站穩腳步，卻整天與不同的女性約會、與酒肉朋友玩樂虛耗光陰，甚至還很享受從來沒有嘗試過的奢侈與趣，原因只有一個——

「反正明年會很順利。」

*

就這樣過了三個月。除了身上的贅肉增加，酒量也變好了，那些不必要的聚會占據了他八成的時間。某天我遇見他，忍不住問道：

「發生了什麼事嗎？嗯……怎麼看起來變得這麼悠哉、鬆懈呢？」

他吊兒郎當地表示「絕對沒有這回事」，強調自己還是很努力，說自己與即將入駐京畿道坡州的兩百坪咖啡廳老闆談得很順利，瞄準了大量推銷咖啡到這間店的機會。

我嚇了一大跳。以K公司當時的狀態，明眼人都看得出，他很快就會被擠出咖啡豆的市場。在市郊的大型咖啡廳如雨後春筍般出現的情況下，競爭對手勢必會比誰都拚命地搶占新客戶。連一份正式文件都沒簽好，便自滿地誇耀將拿到大合約，那時的他看起來甚至有些犯傻。

直到那時，我才意識到自己犯了多大的錯。我根本不該隨便介入別人的命運。從音樂評論家轉換跑道成為命理學家的姜憲老師就說過，必須用整整三天的時間才有辦法鑑定一個人的命運，也就是說，評斷一個人的人生是很艱難的，不能單憑八字就輕鬆預判，可是我……卻單純地只是希望對方能順利，便過於魯莽地干預了他人的生活。

「唉，運氣確實存在，但如果不了解人性，再多的運氣也沒用。」

人只要一聽見自己即將轉運的話，多數就會開始變鬆懈，以為自己長久以來為了忍耐與堅持而無法做的事，接下來就能夠得到補償。

或許有些人會說「不也需要這樣的時間嗎？」確實如此，但K眼前明明就有一條清晰的路，而且達成這件事的「時機」又無比重要，比起談戀愛、與朋友盡情玩樂，先保住客戶才是擴大事業版圖的當務之急。

有時我會說：「不要太相信突如其來的好運」。**真正重要的往往是一個人一直以來踏實努力的態度，而不是伴隨相信運氣而產生的餘裕。**當人聽見或得知自己即將轉運的消息，當下的心情一定都會變得比較輕鬆，可是稍有不慎就會因為怠惰而親手趕走了好運。懶惰（sloth）之所以被列為人類七宗罪之一，顯然其來有自。

後來，滿心期待的K就這麼虛耗了半年。他口中「進行得很順利」坡州大型咖啡廳，選擇與願意提供更低價咖啡豆的競爭對手合作，為了等待大魚上鉤而放任事業空轉的K為此大受打擊。

假如他能在匯率變差前趕緊振作起來；假如他肯將八成的時間全力用來挑戰新事物……或許K的事業真能憑藉運氣的加持而大賺一筆。懈怠，最終成為阻礙K成功的最大敵人。

隨時功成名就都不奇怪的人

「假如年薪有五億韓元，只要做五年就能賺進一大筆財富！」

D是目前任職於某重工業公司的研究員，帶著國外理工學院的文憑，一畢業立刻風光進入大企業工作。每當被問起未來的志向，他的答案永遠是「副總」。儘管一開始只是普通職員，卻還是想拚命爬上頂端，畢竟這可是平凡人生有辦法實現的最佳成績。

對任何事都充滿熱情，D從起點就與來自國內大學的同事們不一樣。剛踏入社會的他起薪相對較高，財富累積的速度自然也比別人快，在年屆七十的父母眼中，D是全世界最孝順的兒子。大概是忘記踩剎車了吧？渴望致富的焦慮，誘發了他對開創副業的衝動。

D如常上班，同時也開始投資比特幣。每晚盯著手機裡的投資Yotuber，夢想自己總有一天也能像他們一樣暢談戰績；在線上教學平台學了點皮毛，就憑著三腳貓功夫開了收費的「手相」課。

投入主業的時間變少，對業務的專注度也不夠，有時還會利用工作時間製作線上課程的教材。忙到時間不夠用的日子愈來愈多，可是這些努力都沒有為他的人生帶來源源不絕的財富。

一轉眼便過了五年。現在依然是個基層職員的他一下子換到這間公司，一下子又跳到那間公司，始終繳不出實質成績，只能被排除在升遷名單之外，重複過著在同業間換工作的生活。他不停詢問身邊的人：

「我明明很努力了，為什麼升遷都沒有我？」

「我明明想盡辦法賺錢了，為什麼還是這麼窮？」

假如他肯專注於公司業務，全力以赴做出實際的成果，又或者真的行不通，轉而將時間投注於經營自己在公司裡的人脈上呢？要不靠實力更上一層，要不搶先一步、獲得內線情報？為了一石二鳥而忙得半死，最後卻害自己離副總的夢想愈來愈遠。

想要致富的心態一點也不奇怪。只是，想要快點致富的心態絕對只會誤事：命運的容器根本還沒準備好，就想著要先把財富裝進去。

在超過攝氏一千三百度的火中淬鍊數千次的銅器，與使用射出成型的機器每秒製作四個的塑膠容器，怎麼可能一樣？儘管看起來好像還行，但只要一盛裝食物，便會立刻發覺味道與保存的品質根本天差地別。

財富也是如此。完全不耐用的容器無論盛裝進再多的財富，都不可能保持得完好如初——在狀態不穩定的容器裡擺盪著的財富，隨時都得面臨傾瀉與變質的命運。

*

到了一定年紀後才致富的人，其實比想像中來得多。實際與我有過深度諮商的富人，像這樣的也有不少。一位五十多歲的父親靠著販售音響設備成立的小公司，同樣也是到後期才取得成功。直到孩子們出生，一家人捱了很長時間的窮苦日子，他才終於將公司發展成為中堅企業，順利累積財富。

當人們聽見這樣的故事，大多只會覺得故事中的主角很幸運。「這就是大器晚成」、「遲來的勝利」。所有人的反應都根深蒂固地建立在「運氣夠好才能碰巧解決事情」的前提之下。然而，大人物並不會憑空冒出來，就像「三歲定八十」這句話，該成功的人終究會成功的解釋方式，或許還比較適合。

什麼都不做就能後來居上？任何地方都不可能存在這種命運法則。實際上，只要稍微訪問一下所謂大器晚成的人，他們大多會習慣把這句話掛在嘴邊：

「是過去的苦日子造就了現在的成功。」

明明是相同的故事，世人卻用了完全不同的視角去解讀；像是「就算現在不是有錢人，也總有一天會致富」的自我安慰式，或是「現在不用拚命也沒關係，反正以後自然會有機會上門」的癡人說夢式。

因此，想要快點致富的想法並不會對人生帶來絲毫幫助。是時候重新定義一下大人物大器晚成的意思了，才不會讓後來才賺到大筆財富或展露頭角的人，覺得自己好像真的只是靠運氣似的。

「那個人擁有無論何時成功、致富都不會讓人覺得奇怪的命。」

他們就是這樣的人。

最好的幸福總是緊接在最糟的不幸之後

你身邊是否有整天說著「我一年三百六十五天都很幸運」的人呢？這種人應該十分罕見吧。畢竟，運氣再好的人也難免會經歷低潮。

人通常會在經歷低潮時這樣想：

「還好吧？難免會發生這種事啦！」

再次經歷低潮時，會開始質疑：

「運氣老是不太好耶……」

然而，又經歷低潮時，心態會開始轉變：

「唉，看來我就是不行。」

重複經歷這些過程後，開始對人生變得萬念俱灰：

「我果然……就是個做什麼都不對的人。」

幾次低潮過後，整個人都被籠罩在煩躁與絕望當中，陰暗、負面的能量也逼走了身邊的人。沒有任何一件事順利，只有不斷累積的絕望。惡性循環的無限輪迴就此展開。尤其，若是在二十多歲的關鍵時期遭逢低潮的話，甚至會徹底改變一個人的性格——即改寫「命運」。

即使日後好運找上自己了，往往也沒辦法欣然接受。最奇怪的是，明明做任何事都伴隨著財富，卻怎麼也沒辦法擁有近在眼前的財富。假如真是如此，也不必太失望：人生就像彈簧，不會因為壓扁了一次便永遠是扁的。

人生總有高低起伏，所以不要在運氣不佳時百分百吸收情緒的衝擊，而要試著發揮一躍而上的抵抗力、克服那股力量。就像輪盤遊戲一樣，不是放任彈珠隨波逐流，而是將曲折處當作槓桿的施力點，令彈珠再次彈起。

*

曾在五星級飯店工作了七年的T，是那裡有史以來最年輕的主廚。有段時間，他卻無法控制自己發抖的手。T一直沒有休息，只顧著埋頭製作料理與甜點，年紀輕輕就爬上高位，自然也引來了其他職員的猜忌與嫉妒。只要他一轉身，背後便充滿令人難以忍受的指指點點。後來，他決定在任職滿七年後離開飯店。憑著累積的經歷，他理當可以開始屬於自己的甜點事業。

不過，他卻說自己暫時不可能創業，因為心理上需要休息。果然，T當時的運氣正處在低潮。我沒辦法就這樣放手不管，所以平靜地告訴他：

「現在不立刻創業也沒關係，但您務必要擺脫目前的情緒。」

「嗯？什麼意思？」

「您知道流沙為什麼危險嗎？因為愈認真挖，只會讓沙子繼續往下流。非但不會因此挖到水源，反而還會因為雙手的扒挖導致沙子愈流愈深，最後把自己困住。情緒也是這樣。如果什麼都不做，只是任由自己陷在裡面，最後就會親手毀掉自己。現在休息個一、兩年，就會突然出現一直沒有的自信嗎？搞不好會連原本有的自信都磨掉耶？您會開始害怕原本準備好的創業，連做蛋糕的雙手也會開始遲鈍。**當人的運氣處在低潮時，最重要是趕快擺脫這個地方，而不是放任自己吸收情緒帶來的打擊。**就算是死命掙扎，也千萬別讓自己被捲入不好的運氣裡。」

我猜對了。T是個凡事都三思而後行的完美主義者，再加上猶如雪花般細膩、敏感的性格，他坦承自己現在就連見到以前天天握在手上的抹刀，也會開始心悸。

職場帶來的人際關係陰影，強化了他的憂鬱。如此內向、感性的人，光是開間甜點店都需要花六個月時間行銷，再花一年時間找適合的店鋪，他還有多餘的力氣熬過這段時期嗎？就算很多人都遇到同樣的事，但尤其是像他一樣類型的人，一旦陷入情緒的流沙，往往就再也無法脫身了。

我只給了他一個建議：

「試著去做些不為賺錢的事，任何事都可以。」

其實，最好不要在運氣差的時候做任何事，因為無論做任何事都需要注意運氣。但T的情況不一樣。就算只是一些小事，他都該慢慢地、輕鬆地開始去做，才能讓自己免於被情緒吞噬。

T點頭答應，開始按部就班地準備自己的個人事業。

投入不追求結果的事。起初，他決定考取翻糖工藝的證照只是出於興趣。假如將來真的能夠開創屬於自己的甜點事業，這項技術說不定會派上用場。

幾個月後，T的高級甜點店在江南島山大路前的黃金地段開幕了。善用高級精品的概念提升客單價，光是單月銷售額就有一億韓元，現在正在準備二號店、三號店的他，慢慢拓展著自己的事業版圖。T表示揮別了過往的陰暗情緒，現在感覺輕鬆不少。

「我已經擺脫過去控制我的情緒了。有種好像做什麼都會成功的感覺？再也不怕以前一起工作的飯店同事或抹刀了。」

憂鬱，讓人猶如被困在可怕的流沙裡。一旦被這種情緒操縱，無論運氣好壞，做什麼都不會順利，連財富也會避而遠之——因為好運在負面能量裡完全沒有立足的空間。

*

有段時間，社群網站上流傳著關於「憂鬱是水溶性」的說法。簡單來說，人之所以會在洗澡時覺得心情變好，就是憂鬱能夠被水沖洗掉的最佳證明。真是如此嗎？真的有辦法用水輕鬆沖掉複雜的內在情緒嗎？根據精神健康醫學科教授們的研究，以科學的角度來說，證明了只有運動與散步能有效改善憂鬱。

我在T身上確定了一件事：人的憂鬱，其實比較接近「廢溶性」。憂鬱往往是愈扒挖愈深陷，不去扒挖，它反而會退化。當擺脫了這樣的情緒，原本處在低潮的運氣也會重新提升，不再被掩埋於情緒的流沙之中，而是反過來搶回主導權。

終究只有懂得控制情緒的人才能搭著運氣的漲勢，掌握財富。一旦陷入憂鬱，身體就會變得很難活動，而無力地躺著，實際上不會改變任何事。所以必須盡快開始著手進行些什麼，好讓自己在被憂鬱吞噬前，擺脫幽暗的情緒。

曾經叱吒一時的飯店主廚，現在再也不畏懼同事們的目光。對於逃也似離開的飯店、中斷的職涯，他一點也不後悔。因為光是能靠自己擺脫那些束縛他的可怕情緒，他便已成為一個了不起的富人。最好的幸福，總是緊接在最糟的不幸之後。

最後一位諮商者

不知不覺間，寒冬已經降臨在宅邸林立的北漢山腳下。我在清晨起身，準備前往取些清澈的水。理清思緒的例行日常，伴隨著冉冉升起的朝陽揭開一天的序幕。

當我一打開那扇歷經歲月洗禮後、成熟又威嚴的大鐵門，鬱鬱蔥蔥的樹林與溪流便從古色古香的磚牆間探出頭來；直到昨天仍吃力地攀附著的那顆松果，也悄悄掉落在地面。肯定是被風或松鼠推落的。

「終究是被推到了樹枝的盡頭。」

依循著無形力量運轉的自然現象，總是如此神祕，有如運氣的興衰。

曾經徜徉在像是人氣、名聲等肉眼看得見的物質世界的人，現在竟然在掌管財富與命運的精神世界裡觀察運氣流轉，這件事本身其實滿諷刺的。不過，這也是我不可避免的選擇。那天，同樣只要沿著平昌洞蜿蜒的山路，便能細細端詳人生百態。

*

「老師啊，活著一點也意義也沒有。」

過去是設計師的老婦人，表示自己是知名藝人的姊姊。一眼就能看出氣質不凡。

年過七五，一頭整齊梳起的白髮，看起來帥氣無比，比起「老奶奶」，「貴婦」似乎才是更適合的稱呼。光看那條有厚度的柔軟愛馬仕絲巾，搭配手工製作的高級超大披肩，多少都能猜到她不同凡響的財力。

老婦人慎重地開口，說了一段相當有意思的故事。

她的丈夫幾年前過世了。每年與在美國生活的子女碰個面，以及時不時與朋友一起打高爾夫球，就是她人生的全部了。對財富沒什麼野心，生活也很安逸。真要說死前有什麼願望的話，大概就是希望能將數百億的財產安然交託給孫子們吧？只是，除了這個簡單的願望之外，沒有任何期盼的人生，實在太無趣了。

高貴無比也孤獨無比的老婦人，字斟句酌地說道：

「其實……我什麼也做不了。或許您無法理解，但我不是覺得寂寞或不幸，而是對人生沒有太大的興趣。我什麼都嘗試過、擁有過、享受過了，世界上所有被稱為『天堂』的旅遊勝地，我都去過了，現在不管再去哪裡，感覺都一樣。再也沒有任何事能為我的人生帶來一點刺激。我甚至不太能感覺得到喜悅或悲傷。坦白說，就只是在呼吸而已。沒有特別想做的事，其實也等於沒有繼續活下去的理由吧。」

大女兒是畢業於美國法學院的才女，後來認識了一位僑胞企業家後，便在當地落地生根，組織幸福家庭；二女兒從韓國的大學畢業後，前往世界三大設計學校之一的帕森斯學院進修，已躋身全球知名設計師行列。

妹妹也過得很幸福。即使過了全盛時期，數十年的演出功力持續收穫著觀眾對她的愛戴，從小到大一直彼此珍惜的姊妹倆，關係依然親密；無論是子女或妹妹，都是所謂的人生勝利組。

然而老婦人卻斬釘截鐵地表示：「這都是她們自己的人生，對我來說，一點意義也沒有。」

「怎麼會覺得不幸福呢？擁有這麼多財產耶？」我不禁困惑。

「當年，我也以為擁有很多錢是天底下最美好的事。尤其是我擔任服裝設計師的時期，每天為了追逐財富和成就，忙得昏天暗地。出道三年，我就推出了自己的第一個品牌，並且順利踏上『美國』這個夢想中的舞台。愈來愈多名人喜歡我的品牌，高級訂製服（Haute Couture）的訂單也開始增加，輕輕鬆鬆就賺到了一大筆錢。不管去什麼地方、吃什麼美食，我花錢都不手軟。就這樣過了四十年。可是當我真的賺了大錢，變成有錢人後，才發現自己腦海裡只有一個念頭：『剩下來的人生還能幹麼？』我才明白，無論是拿名牌包或開進口車，帶來的快樂都只是暫時的，頂多就是維持半個月。」

看著老婦人空洞的瞳眸，我可以確定一件事——

「原來這就是嘗過一切刺激的人。」

這煩惱與不工作就沒飯吃的上班族們是徹底的兩極。好諷刺。當多數人被「怎麼做才能賺錢？」「什麼時候才能買到房子？」之類的現實煩惱纏身，這位老婦人卻在追尋「這輩子能過得快樂嗎？」「怎麼做才算是好好活著？」精神層面的價值。

*

我對這一切的根本問題「錢能做到的事情這麼多，為什麼就是滿足不了一個人的生活？」愈來愈好奇。

無論是進入運氣世界的前後，我都見過來自社會不同階層的人。只與光鮮亮麗的明星、富豪們打交道，讓我的視線也在無形中變得瞄準高處，開始誤以為那就是圓滿人生的鑰匙、真正的快樂。然而，身價上億的明星們的生活，實際上大多與肉眼所見的情況完全不同。

從攻頂的那一瞬間起，眼前就只剩下坡路了。有位沒日沒夜地工作的諧星，就在登上神壇的那一刻起，哭著消失在螢光幕前，只為「再也沒有地方可以上去」的絕望感。有些人不知道何謂滿足，在攻頂的過程中因為筋疲力竭而摔了個四腳朝天，有些人卻在成功攻頂的那一刻，放棄了活下去的意志。

兩種極端往往是相通的。無論哪一邊，同樣都不快樂。

原本凝視著半空的老婦人，目光停在了窗外的松樹上。剎那間，諮商者說出了令人震驚的話。

「老師，我覺得那段時光很美好。有事情想做、有東西想擁有的時光。我手上明明只有一百萬，卻想要買三百萬的東西，那抱持願望的心、想要賺錢的目標；或許，那就是『活下去的力量』吧？我連那種想法都沒有了，現在……」

原來，沒有願望的富豪與有願望的富豪不一樣。前者處在體驗過一切刺激的狀態，所以人生不存在下個階段；後者仍有想要享受的東西，對於更美好的生活保有無限渴望。

像這樣追求現實生活的富者，晚年通常也會過得很幸福。當人替生存意志留下些許空間，基本上就能同時得到精神與物質的滿足。始終保有明確的目標，並且時刻為了達成目標而奮力衝刺，無論那是詳細的目標、金額，或尚未實現的夢想。

老婦人沒有在那三十分鐘內向我徵詢任何建議，僅是傾訴完任何事物都填補不了自己生活的空虛後，便突然離席了。她是第一個也是最後一個，以財富作為反面教材告誡我的諮商者。

即使沒有偉大的財富，最好也能有個踏實的小夢想。比起無法掌控的財富，能夠獨力掌控的財富才更有意義。老婦人對我的當頭棒喝，是無價的。洞悉了財富與命運的此刻，我們期許自己成為哪種富者呢？看待人生的視角，勢必已經有了前所未有的轉變。

幸運女神駐足之處

解決完了一項，又來一項。人生層出不窮的煩惱，就像畫著反覆記號的樂譜，永遠沒有終點。自從我開始替人看運勢後，遭遇過幾次類似的情況，於是我從中發現了一個奇特之處：許多人都過著為自己無能為力的問題而焦慮不已的生活。

基本上不太有人會為了「明天上司交代工作給我的話，該怎麼辦？」而煩惱失眠，大部分都是為了像是「應該繼續在這間公司工作嗎？」「一年後該靠什麼謀生？」等無法立刻解決的問題感到焦慮。

運氣也一樣。沒人會來問「昨天和男朋友吵架了，有什麼和解的方法嗎？」但對於「適合和這個人結婚嗎？」「能過著幸福快樂的生活嗎？」等未知將來感到好奇的人，倒是多不勝數。比起賺多少錢、怎麼賺錢之類的極度現實或具體的問題，多數人反而傾向聚焦於自己無法解決的層面。

*

有個住在「焦慮國」的平凡人，夢想著自己能夠致富。對他來說，人生最大的難題就是「假如有筆可觀的財富，該把它存在哪裡？」為了避稅，首先就是開一個瑞士銀行的祕密帳戶。然而，真的開好帳戶後，又產生了另一個煩惱：如何才能存到這筆可觀的財富呢？他開始到處學人理財。就這樣省吃儉用過了一輩子。

終於，好不容易存到了十億，是時候把錢存進瑞士了，但故事還沒完。像自己一樣夢想致富的人，早在幾年前就開始把錢匯過去了，為了防堵境外避稅的手法，國家開始插手要求提出解釋並做出金融干預。另一個變數出現了：他該怎麼做，才能把十億匯到瑞士呢？只是在這之前，死亡已經來到他的面前。只顧著賺錢卻忽略身體狀況在逐漸衰退，終其一生都為了這十億活得戰戰兢兢，比起眼前清晰的現實，寧願汲汲營營於看不見的模糊未來，人生最後反而為了焦慮與煩惱而脫離正軌。

這就是焦慮。如果擁有致富的夢想，與其顧著虛無飄渺的十億，踏實地規劃詳細的金額才更重要。換句話說，即是夢想成為現實的富豪，而不是超現實的富翁。

運氣確實存在，時機也是，只是一般人的眼睛是看不見的。所以別再為了肉眼看不見的運氣而焦慮，重要的是如何靠自己創造運氣。

*

擺在棗木原木板上的手機，傳來祝賀訊息的通知鈴聲。是封結算信件，來自委託協助節目的製作團隊。

「感謝提供豐富的內容。希望將來能有更多機會與您見面。」

不久前，我的帳戶收到了一筆意外之財。仔細算了算，在一的數字之後，總共跟著八個零。是一億。我竟然與那些曾經以為自己與他們分屬不同世界的人，賺到了相同金額的財富？我不禁懷疑起自己的雙眼。

自從我在去年此時離開電視台後，便沒再接觸過相關業務了。自立門戶後的幾個月間，我不眠不休地忙著製作影片，全心投入工作，甚至沒有意識到金錢的進出。

與此同時，我正式創立了一間同名影片製作公司。即使投身在運氣的世界，我也從沒放下自己夢想中的工作。成為總監（Chief Producer, CP）後，我本著推出優良節目的宗旨，沒日沒夜地嘗試著，在成功與失敗之間反覆輪迴。

從零開始並不容易。一部投入鉅資製作的網路劇還沒上映就已經泡湯了，所以我損失了不少錢。將這次失敗視為重新開始的跳板而製作的綜藝節目，順利填補了赤字。收入增加後，我開始聘請新職員來擴大規模，業務範圍也從電視拓展至 Youtube 影片、網路爆紅影片（viral video）等。

現在，我擦亮眼睛緊盯著降臨在自己身上的好運：第一個月不過才五十萬韓元的收入，忽然暴漲兩百倍的戲劇性變化；這正是將天賜的好運實際轉換成為金獎券[1]的時機。頓時間，我想起了曾經聽過關於幸運女神的古老傳說。

*

福爾圖娜（Fortuna）是羅馬神話中的幸運女神。掌管命運之輪的祂，握有能夠操控人類的鑰匙，而這也被解讀為生命的開始與結束皆是已註定的天數。而背負命運之輪者，則經常用來描述因為命運無常而改變境遇的人，或者一生經歷過劇烈起伏的人。

一手握著掌控命運的鑰匙，腳上穿著長翅膀的鞋子——代表一閃即逝的幸運——並且抱著一個無底罐，象徵填不滿的幸福。

最值得注意的，是祂乘坐著一顆圓滾滾的球，意謂著未定的不完整命運。倘若連受到世人敬仰的神祇都不敢妄自揣度一個人的命運，或許就代表人類是有能力靠自己改變命運的。

我懂了——既然命運並非註定，那就該親身去領悟這一切。沒人知道未來

1 譯註：Golden Ticket，意指千載難逢的好機會。

的命運將如何來去。它終將如風般逝去，而我們終究得活過才能明白。

現在的我想要問一問：我是有運氣的人，或是沒有運氣的人呢？不，換個方式問吧。我是等待運氣的人，或是創造運氣的人呢？

踏入命運的世界後，發生了不少改變。現在除了能稍微察覺自己的運勢外，也明白了多數人擁有的都是平凡的命運。

猶如荊棘般煎熬的時刻早已逐漸遠去，只因所有過去被遺忘的歲月，如今都像夢幻世界一樣在我眼前呈現。這不是微不足道的巧合，而是彷彿在很久以前就約好似的，在向我招手。

我再也不會為了財富而感到任何焦慮或擔憂。當下向前的每一步，不，哪怕是向前的每半步，就只是踏踏實實的今天。轉動命運之輪的，終究是我自己，而帶來財富的幸運女神，其實一直都在自己的心中。

‧人的命運也可以像這樣改變

職業、戀愛、婚姻、金錢、財務、成功、成名、壽命……一個人的命運究竟決定了多少事？有人認為是決定了一切。不過，這個看法對了一半，也錯了一半。就像「瓶子裝花是花瓶，裝蜂蜜是蜂蜜瓶」，命運終究取決於自己選擇盛裝了什麼。

有些人靠著日復一日地調整生活，改變自己的命運。他們足足花了一千個小時，持續雕琢自己的命運。其實，方法很簡單。

早上起床後，首先想一想當天要做的事。預先思考可能面對的問題，能有效處理在沒準備好的情況下發生的危機與失誤：事前擬訂計畫並付諸行動，是改變命運的第一步。舉例來說，即使每次與生意夥伴開會時的運氣都一樣，但只要準備好正確的心態，努力讓人留下好印象，並且發揮臨機應變的能力，即可獲得更好的結果。

入睡前，試著反思一下當天發生過的事。這是提升自己命運的層次、面對嶄新一天的過程。如果有做得好的部分，便稱讚自己；如果有做得不好的部分，便鼓勵自己；想想自己哪些地方還不夠堅持？哪些地方遇上挫折？假如每天都能像這樣為了改變命運而付出些許努力，自然就能進而獲得精神上的從容。哪怕擁有再好的命運，成功也只會留給準備好的人。

國家圖書館出版品預行編目(CIP)資料

運氣心理學：掌握1%致富契機的人，都在默默實踐的6種心理技巧／柳旻志（유민지）著. -- 第一版. -- 臺北市：遠見天下文化出版股份有限公司, 2023.09
面； 公分. -- 財經企管；BCB816)
譯自：운의 심리학
ISBN 978-626-355-444-3 (平裝)

1.CST: 成功法 2.CST: 自我實現

177.2 112015482

財經企管 BCB816

運氣心理學：掌握 1% 致富契機的人，都在默默實踐的 6 種心理技巧

운의 심리학

作者 — 柳旻志（유민지）

總編輯 — 吳佩穎
責任編輯 — 張立雯
封面設計 — Dinner Illustration
內頁排版 — 芯澤有限公司

出版者 — 遠見天下文化出版股份有限公司
創辦人 — 高希均、王力行
遠見・天下文化 事業群榮譽董事長 — 高希均
遠見・天下文化 事業群董事長— 王力行
天下文化社長 — 林天來
國際事務開發部兼版權中心總監 — 潘欣
法律顧問 — 理律法律事務所陳長文律師
著作權顧問 — 魏啟翔律師
社址 — 台北市 104 松江路 93 巷 1 號 2 樓
讀者服務專線 —（02）2662-0012 │傳真 —（02）2662-0007；2662-0009
電子郵件信箱 — cwpc@cwgv.com.tw
直接郵撥帳號 — 1326703-6 號 遠見天下文化出版股份有限公司

製版廠 — 中原造像股份有限公司
印刷廠 — 中原造像股份有限公司
裝訂廠 — 中原造像股份有限公司
登記證 — 局版台業字第 2517 號
總經銷 — 大和書報圖書股份有限公司 | 電話 — (02)8990-2588
出版日期 — 2023 年 9 月 27 日第一版第 1 次印行

定價 — NT400 元
ISBN— 978-626-355-444-3
EISBN — 9786263554436（EPUB）；9786263554429（PDF）
書號 —BCB816
天下文化官網 — bookzone.cwgv.com.tw